하나님의
이름을
부르는
100일

100 Names of God Daily Devotional
by Christopher D. Hudson

Originally published in English in the U.S.A. under the title:
100 Names of God Daily Devotional, by Christopher D. Hudson
Copyright ⓒ 2015 by Christopher D. Hudson

Korean edition ⓒ 2024 by Word of Life Press, Seoul, Korea
with permission of Hendrickson Publishing Group, represented by Tyndale House Publishers.
All rights reserved.

하나님의 이름을 부르는 100일

ⓒ 생명의말씀사 2024

2024년 9월 27일 1판 1쇄 발행

펴낸이 | 김창영
펴낸곳 | 생명의말씀사

등록 | 1962. 1. 10. No.300-1962-1
주소 | 서울시 종로구 경희궁1길 6 (03176)
전화 | 02)738-6555(본사) · 02)3159-7979(영업)
팩스 | 02)739-3824(본사) · 080-022-8585(영업)

기획편집 | 유영란, 유하은
디자인 | 조현진
인쇄 | 영진문원
제본 | 다온바인텍

ISBN 978-89-04-16900-9 (03230)

저작권자의 허락 없이 이 책의 일부 또는 전체를
무단 복제, 전재, 발췌하면 저작권법에 의해 처벌을 받습니다.

※ 이 책의 표지와 본문에 Mapo금빛나루 서체를 사용하였습니다.

하나님의
이름을
부르는
100일

말씀 속 하나님의 이름을 묵상하며
일상에서 발견하는 은혜

크리스토퍼 D. 허드슨 지음
전광규 옮김

생명의말씀사

추천사

오래전부터 그리스도인들은 읽기 쉽고 간결하면서도, 깊이 있는 신앙 서적을 찾았다. 크리스토퍼 허드슨은 바로 이 책에서 그 신학적 요구를 멋지게 충족시켰다.

쉽게 읽을 수 있도록 제작된 이 책은, 오늘날 문학에서 접하기 어려운 신선한 독서 경험을 우리에게 만들어 준다. 무엇보다 이 책의 구성과 내용이 중요한데, 허드슨은 흔한 것부터 흔하지 않은 것까지 하나님의 거룩한 이름 100가지를 선정해 독자들에게 묵상의 기쁨을 선사한다. 각 묵상에는 이름과 뜻, 해당 이름이 사용된 성경 구절이 주어진다. 그 뒤에는 현대적 이야기와 성경 구절의 풍부한 개요를 엮어 독자에게 그 이름을 소개하고, 삶에 적용할 수 있도록 안내하는 내용이 이어진다. 마지막에는 성찰 질문과 고백의 기도, 개인의 성장과 풍요로움을 위해 더 깊은 묵상을 돕는 성경 구절로 마무리된다.

이 책은 이해하기 쉽고 접근성, 관련성, 가독성을 모두 갖추었다. 그래서 매일의 묵상에서 더 깊은 탐구를 원하며, 성장하는 신자들의 요구를 채워 준다. 더욱이 헬라어, 히브리어, 아람어의 다양한 신성한 이름들을 각각 스트롱넘버 체계에 맞추어 색인화해서 목회자와 교수, 성숙한 그리스도인들에게 인기 있는 신학적 보물 창고가 될 것이다.

프레디 카르도자(Freddy Cardoza)
철학 박사, 탈봇신학대학원 기독교교육학과 학과장
기독교교육교수협회 사무총장

누군가를 알면, 그 사람의 이름을 알게 된다. 그러면 그 사람은 당신에게 중요해지고, 당신도 그 사람에게 중요해진다. 이처럼 이름으로 누군가를 부르는 경험은 아주 친밀하고 개인적이다. 하나님과의 관계에서는 더욱 그렇다. 그래서 이 책은 하나님과의 관계를 새로운 차원의 친밀함과 예배로 이끈다. 당신도 이 책을 통해 다시금 하나님을 발견하게 될 것이다.

존 타운젠드(John Townsend)
뉴욕타임즈 베스트셀러 작가, 리더십 전문가, 심리학자, 신학자

30년 전쯤 에이미 그랜트가 부른 '엘 샤다이'라는 노래를 듣고, 나는 이 책을 기다렸다. 그 노래는 내게 하나님의 이름이 가진 능력에 대해 깊은 인상을 남겼다. 엘 샤다이, 엘 엘욘, 아도나이. 마이클 카드가 쓴 가사는 구약의 약속을 신약의 성취와 아름답게 연결한다.

이 책은 성경 곳곳에 나타난 하나님의 여러 이름을 이해하도록 도와준다. 그래서 그 노래만큼이나 감동적이고 기억에 남는다. 한나절에 읽든 100일 동안 천천히 읽든, 당신은 하나님이 강한 망대, 반석, 토기장이, 소멸하는 불, 내 머리를 드시는 이, 그리고 무엇보다 우리의 구원자라는 사실을 다시 깨닫거나 새롭게 배우게 될 것이다. 게다가 이 책에는 독자 친화적인 내용에 더해, 깔끔한 색인이 들어 있다. 나는 이 책은 절대 남에게 주지 않을 것이다. 가까운 책장에 두고 항상 읽을 것이다.

제이 페이라이트너(Jay Payleitner)
베스트셀러 『What if God Wrote Your Bucket List?』의 저자

목차

서문 • 12

1부 하나님, 나의 하나님

1 엘로힘 전능하신 창조주 • 16
2 하쉠 그 이름 • 18
3 엘 하나님 • 20
4 프뉴마 영 • 22
5 야흐 자존자, "나는 있느니라" • 24
6 여호와 스스로 있는 자 • 27
7 아도나이 주 • 29
8 알레디노스 데오스 참 하나님 • 32
9 로고스 말씀 • 34
10 아빠 아버지 • 36

2부 우리의 피난처이신 하나님

11 엘 셀리 나의 반석이신 하나님 • 40
12 메쭈다 요새 • 42
13 여호와 팔라트 건지시는 여호와 • 44
14 마온 거처 • 46
15 여호와 마겐 방패이신 여호와 • 48
16 미그달 오즈 견고한 망대 • 50
17 엘 예슈아티 나의 구원이신 하나님 • 52
18 여호와 마흐시 나의 피난처이신 여호와 • 54
19 케렌 예샤 나의 구원의 뿔 • 56
20 쭈르 이스라엘 이스라엘의 반석 • 58

3부 은혜로우신 하나님

21 여호와 이레 나의 공급자이신 하나님 • 62
22 엘로아흐 셀리호트 기꺼이 용서하시는 하나님 • 64
23 여호와 고엘 구속자이신 하나님 • 66
24 여호와 카다쉬 거룩하게 하시는 여호와 • 68
25 엘 라함 자비로우신 하나님 • 70
26 엘 하네에만 신실하신 하나님 • 72
27 여호와 하눈 은혜의 하나님 • 74
28 엘 나사 용서하시는 하나님 • 76
29 사르 샬롬 평강의 왕 • 78
30 엘 여수룬 여수룬의 하나님 • 80

4부 우리의 인도자 하나님

31 오르 이스라엘 이스라엘의 빛 • 84
32 임마누엘 하나님이 우리와 함께 계시다 • 86
33 여호와 로이 여호와는 나의 목자이시다 • 88
34 여호와 닛시 나의 깃발이신 여호와 • 90
35 엘 데아 지식의 하나님 • 92
36 데오스 파스 파라클레시스 모든 위로의 하나님 • 94
37 데오스 모노스 소포스 유일하게 지혜로우신 하나님 • 96
38 네르 등불 • 98
39 겔라 라즈 은밀한 것을 나타내시는 이 • 100
40 요쩨레누 토기장이 • 102

5부 우리의 생명이신 하나님

41 엘 하야이 내 생명의 하나님 • 106
42 엘 로이 나를 살피시는 하나님 • 108
43 엘로힘 아하바 사랑하시는 하나님 • 110
44 여호와 샬롬 여호와는 평화이시다 • 112
45 엘 칸나 질투하시는 하나님 • 114
46 슈브 네페쉬 생명의 회복자 • 117
47 게오르고스 농부 • 120
48 여호와 라파 치료하시는 여호와 • 122
49 엘 하이 살아 계시는 하나님 • 124
50 마코르 하이 마임 생수의 근원 • 126

6부 우리의 영원하신 하나님

51 아티크 요민 옛적부터 계신 이 • 130
52 바실레이 톤 아이오논 영원하신 왕 • 133
53 알파와 오메가 처음과 마지막 • 136
54 바라 창조자 • 138
55 엘 올람 영원하신 하나님 • 140
56 바실류스 바실레온 만왕의 왕 • 142
57 엘 깁보르 전능하신 하나님 • 144
58 쭈르 반석 • 146
59 아비르 야아코브 야곱의 전능자 • 148
60 로 샤나 불변자 • 150

7부 우리의 심판자이신 하나님

61 아칼 에쉬 소멸하는 불 • 154
62 샤파트 사사 • 156
63 바알 남편 • 158
64 여호와 마케 때리시는(훈육하시는) 여호와 • 160
65 엘 나탄 네카마 나를 위하여 보복하시는 하나님 • 162
66 사네 미워하시는 하나님 • 164
67 파라클레토스 대언자 • 166
68 아도나이 토브 주는 선하시다 • 168
69 여호와 찌드케누 우리의 의이신 여호와 • 170
70 짜디크 의로우신 이 • 172

8부 위대하신 하나님

71 엘 하가돌 크신 하나님 • 176
72 호드 위엄 • 179
73 가바 초월자 • 182
74 엘 엘욘 지극히 높으신 하나님 • 184
75 엘 하카보드 영광의 하나님 • 186
76 엘 샤마임 하늘의 하나님 • 188
77 엘로힘 야레 가장 경외로우신 하나님 • 190
78 멜레크 하고임 열방의 왕 • 192
79 여화와 쩨바오트 만군의 여호와 • 194
80 카도쉬 이스라엘 이스라엘의 거룩하신 이 • 196

9부 우리를 구원하시는 능력의 하나님

- 81 엘 모샤아 구원의 하나님 • 200
- 82 엘 샤다이 충족하신 이, 전능하신 하나님 • 202
- 83 야테드 아만 마콤 단단한 곳에 박힌 못 • 204
- 84 오르 고임 이방의 빛 • 206
- 85 엘 카도쉬 거룩하신 이 • 208
- 86 말라크 하고엘 건지시는 사자 • 210
- 87 엔팅카노 간구하시는 하나님 • 212
- 88 엘 얄라드 너를 낳으신 하나님 • 214
- 89 오리 나의 빛 • 216
- 90 엘 엘루헤 이스라엘 이스라엘의 하나님 • 218

10부 우리 삶에 함께하시는 하나님

- 91 여호와 샴마 여호와가 거기 계시다 • 222
- 92 엘로힘 카로브 하나님은 가까이 계신다 • 224
- 93 엘로힘 샤마 들으시는 하나님 • 226
- 94 여호와 에즈라티 나의 도움이신 여호와 • 228
- 95 엘라흐 예루살렘 예루살렘의 하나님 • 230
- 96 여호와 우지 나의 힘이신 여호와 • 232
- 97 룸 로쉬 나의 머리를 드시는 자 • 234
- 98 미크웨 이스라엘 이스라엘의 소망 • 236
- 99 여호와 깁보르 밀하마 전쟁에 능하신 여호와 • 238
- 100 디 후 타 판타 나의 전부 • 240

부록. 색인 및 스트롱 사전 번호 • 244

서문

위대한 인격을 가진, 또 가장 큰 업적을 남긴 사람들에게는 이름과 별명이 아주 많다는 사실을 아는가?

에이브러햄 링컨(Abraham Lincoln)은 정직한 에이브, 나무 쪼개는 사람, 고대인, 위대한 해방자, 아버지 아브라함으로 불렸다. 전설적인 야구선수 조지 허먼 루스 주니어(George Herman Ruth Jr.)는 베이브, 타격의 술탄, 밤비노, 거인, 강타의 칼리프, 홈런왕 등으로 불렸다.

이런 큰 인물들을 제대로 평가하려면 분명히 하나 이상의 이름이 필요하다. 그런데 뛰어난 운동선수나 사랑받는 정치인이 그렇다면 하나님은 얼마나 더 그럴까?

성경에서 우리는 수많은 하나님의 이름과 칭호를 발견한다. 그 이름들은 하나님 본성의 어떤 측면을 나타내거나 하나님이 인류를 어떻게 대하시는지를 우리에게 상기시킨다.

이 작은 책에서 하나님의 이름을 빠짐없이 모두 다룰 수는 없지만, 그중 100가지 이름과 칭호와 묘사에 간략하게 주목하려고 한다. 각 읽을거리에서는 주요 성구와 짧은 묵상, 우리가 하나님을 묘사하기 위해 사용하는 단어에 대해 더 깊이 생각해 보도록 돕는 참고 구절을 제시한다. 그리고 모든 장은 이 책을 읽는 당신이 "내가 노래로 하나님의 이름을 찬송하며 감사함으로 하나님을 위대하시다 하리니"(시 69:30)라고 말하는 시편 저자를 따라 기도할 수 있도록 기도문을 제공한다.

하나님을 더 잘 알려는 당신의 노력에 하나님이 복 주시기를 구한다.

크리스토퍼 D. 허드슨

1부

하나님,
나의 하나님

 엘

 하쉠

 아빠

 프뉴마

 여호와

하나님의 이름에는
그분의 뜻과 마음이 담겨 있다.

 엘로힘

 로고스

 야흐

 아도나이

 알레디노스 데오스

1

엘로힘

전능하신 창조주

"태초에 하나님이 천지를 창조하시니라"(창 1:1).

당신은 다른 사람에게 당신을 소개할 때 어떤 이름을 사용하는가? 상대에 따라 달라지는가? 이름 앞이나 뒤에 직함을 붙여 깊은 인상을 남기려 하는가? 아이에게 소개할 때는 '아줌마'나 '아저씨'라는 호칭을 사용할 수도 있다. 상대방을 편하게 해 주고 싶을 때는, "친구들은 저를 '쾌남'이라고 불러요."라며, 별명으로 소개할 수도 있다.

사람들은 흔히 자신에 대해 알릴 때 자기소개를 활용한다. 이때 우리는 몇 초 만에 알리고 싶은 정보를 결정하고, 자기소개를 통해 그 정보에서 일부를 전달한다. 하나님이 당신에게 악수를 청하시며 자기를 소개하신다고 상상해 보라. 하나님이 말씀하신다. "안녕? 내 이름은 엘로힘이란다." 성경에서 하나님은 바로 그렇게 하신다. "태초에 **엘로힘**이 천지를 창조하시니라."

성경에 나오는 하나님의 이름은 100가지가 넘는다. 그중에서 하나님이 가장 먼저 사용하시는 이름이 바로 **엘로힘**이다. 이 이름의 뜻은 '최고의 하나님', '강한 자'다. 소리 내서 읽어 보라. 이름에서 강한 힘이 느껴진다.

엘로힘은 성경에서 약 2,570번 나온다. 그만큼 하나님의 말씀은 하나님의 힘과 능력을 우리에게 반복해서 상기시킨다. 그래서 우리는 하나님을 더 많이 찾을수록 그분의 능력을 더 많이 알고 경험하게 된다.

때로 우리는 너무 높아서 넘을 수 없고, 너무 두꺼워서 무너뜨릴 수 없는 거대한 벽을 마주한다. 그때 **엘로힘** 부르기를 기억하라. 우리는 우리 힘으로 삶을 살아가도록 지어지지 않았다. 우리는 하나님의 힘이 필요하다. 두려움이 닥칠 때, 우리에게 **엘로힘**이 계신다. 고통을 당할 때, 우리에게 **엘로힘**이 계신다. 짓눌리고 불안하며 기진했을 때, 우리에게 **엘로힘**이 계신다.

하나님은 그분의 초자연적인 능력을 우리가 사용할 수 있게 하셨다. 우리가 할 일은 그저 하나님의 손을 잡는 것이다.

삶에서 어떤 고난을 만날 때 당신에게 힘이 부족하다고 느끼는가? 엘로힘만이 주실 수 있는 삶을 지탱하는 능력이 필요한 부분은 어디인가?

고백의 기도 | **엘로힘**이신 하나님, 하나님을 제게 알려 주시니 감사합니다. 주님의 힘과 주님의 능력, 주님의 강하심에 감사를 드립니다. 주님의 능력을 절대로 의심하지 않고, 매일 매 순간 주님의 능력을 의지하게 하옵소서. 제게 계속 주님을 알려 주옵소서. 주님을 더 알기를 원합니다. 아멘.

더 깊은 묵상 | 사 41:10; 고후 12:9-10

2

하셈

그 이름

―

"그 이스라엘 여인의 아들이 여호와의 이름을 모독하며 저주하므로 무리가 끌고 모세에게로 가니라"(레 24:11).

성경 시대에는 단순히 흥미롭거나 독특하게 들린다는 이유로 이름을 붙이지 않았다. 오히려 당시의 이름은 출신이나 정체성이나 운명을 말해 주었다. 예를 들어 **모세**는 "물에서 건져냈다."라는 뜻이고, **사무엘**은 "하나님이 들으셨다."라는 뜻이다.

그러면 하나님의 이름은 어떤가? 성경은 하나님의 수십 가지 이름과 하나님에 대한 묘사를 나열한다. 그리고 각각의 이름은 하나님의 본성에 대한 통찰을 제공한다. 그런 모든 이름 가운데 가장 흥미로운 이름은 아마도 '그 이름'이라는 뜻을 가진 **하셈**일 것이다.

하나님을 '그 이름'이라고 부르는 이유는, 하나님의 거룩하심을 기리기 위해서였다(경건한 유대인들은 하나님을 '여호와'라고 부르는 것을 신성 모독으로 여겼다.). 이렇게 하나님을 '그 이름'이라고 부르는 것은 "우리 하나님은 소개가 필요 없는 분이시다."라고 말하는 것이다. 곧 하나님의 정체성과 본질이 아주 고귀하고 웅장해서 헤아릴 수 없다는 진리를 인정하는 것이다. 그래서 **하셈**이라는 이름은 하나님이 누구신지를 포괄적으로 나타내는 약칭이 되었다.

이 단순한 진리는 우리 하나님은 우리가 설명할 수 없는 분이시라는 사실을 보여 준다. 인류의 제한된 능력으로 볼 때, 확실히 하나님은 이름을 붙일 수 없는 분이시다.

만약 신앙이 없는 친구가 당신에게 하나님에 대해 알려 달라고 요청한다면, 당신은 어떻게 설명하겠는가?

고백의 기도 | 하나님, 주님이 이름을 붙일 수 없을 정도로 광대하심에 감사를 드립니다. 하나님의 성품을 완전히 이해할 수는 없지만, 제게 주님을 더 많이 알려 주옵소서. 아멘.

더 깊은 묵상 | 출 20:7; 빌 2:9

3

엘

하나님

"하나님이 그들을 애굽에서 인도하여 내셨으니 그의 힘이 들소와 같도다"(민 23:22).

'능력, 힘, 강함'을 의미하는 어근에서 파생된 히브리어 단어 '**엘**'은 **신**(이방 신)이나 **하나님**(이스라엘의 하나님, 유일하신 참 하나님)을 가리키는 가장 기본적인 히브리어다. 성경에서 이 단어는 단독으로 사용되지 않고, 다음과 같이 이스라엘의 하나님을 묘사하는 다른 말과 함께 사용된다.

- **엘 에하드**("한 하나님", 말 2:10)
- **엘 하네에만**("신실하신 하나님", 신 7:9)
- **엘 에메트**("진리의 하나님", 시 31:5)

무한하신 하나님을 설명하려면 이처럼 **많은** 이름이 필요하다! 여기서 **엘**은 단순한 접두사가 아니다. 하나님의 강력하고 끊임없는 능력을 의미한다. 곧 하나님의 전능하신 힘을 가리킨다. 또 하나님의 다른 이름이나 속성과 결합할 때는 그 의미를 강화한다.

앞의 예에서 **엘 에하드**는 그저 "한 하나님"이 아니시다. 그분은 **한 분**, 즉 참 능력과 힘을 가지신 유일하신 하나님이시다. **엘 하네에만**은 그저 신실하시기만 하지 않으시다. 그분의 신실하심은 한없이 강력하다. 어떤 것도 그분의 백성을 향한 하나님의 신실하심을 막을 수 없다. 하나님은 선한 의도만 가지신 것이 아니라, 영원히 신실하실 것이다. 그리고 **엘 에메트**는 단순한 진리의 원천이 아니라, 전능한 진리의 원천이시다. 우리는 진리가 '상대적'이라고 말하는 세상에 살고 있지만, 하나님의 전능한 진리는 변할 수 없는 객관적인 기준이다. 사람들은 인류 역사의 마지막 날까지 하나님을 비방하며 "악을 선하다 하며 선을 악하다"(사 5:20) 할 수 있다. 그러나 어떤 일이 있어도, 하나님은 진리에 대한 논쟁에서 지실 수 없고 지지 않으실 것이다.

엘을 하나님을 가리키는 다른 히브리어 이름과 함께 쓰는 것은 단지 이름과 성을 결합하는 것이 아니다. 그것은 하나님의 속성을 초자연적으로 강력하게 결합하는 것이다.

당신이 가장 좋아하는 하나님의 속성은 무엇인가? 그 속성 앞에 힘과 능력을 뜻하는 단어를 붙여 보라. 그 속성에 대한 이해가 어떻게 달라지는가?

고백의 기도 | 하나님, 주님이 힘과 능력이 있으신 하나님이심을 감사합니다. 헤아릴 수 없는 주님의 힘에 감사를 드립니다. 매일의 삶에서 주님의 힘과 능력을 계속 보여 주옵소서. 아멘.

더 깊은 묵상 | 대상 29:11; 욥 26:14

4

프뉴마

영

"하나님은 영이시니 예배하는 자가 영과 진리로 예배할지니라"(요 4:24).

"하나님은 존재하시는가?"라는 근본적인 질문 뒤에는 "하나님이 계시다면, 하나님은 어떤 분이신가?" 하는 질문이 따라온다.

예수님은 이름 모를 사마리아 여인과 대화하시면서 이렇게 말씀하셨다. "하나님은 영이시니." 다시 말해 하나님은 본질적으로 비물질적이시며 보이지 않으신다. 영이신 하나님은 특정한 성전이나 신전에 국한되지 않으신다. 하나님은 어디에나 계신다. 하나님은 우주에 충만하시다. 그래서 당신은 어디서나 하나님을 만날 수 있다.

영을 뜻하는 단어로 구약에서는 히브리어 **루아흐**('바람', '숨', '마음', '공기', '영' 등으로 다양하게 번역)가, 신약에서는 헬라어 **프뉴마**(일반적으로 '능력', '바람', '숨', '마음 상태', '영'으로 번역)가 쓰인다. 이처럼 바람과 숨, 마음, 영이라는 개념은 우리 생각보다 더 밀접한 관련이 있다.

창세기 1장 2절에는 **루아흐**가 쓰였는데(창 1:2), 하나님의 영이 아직 완성되지 않은 피조 세계의 "수면 위에 운행"하시는 것을 볼 수 있다. 조금 뒤인 창세기 6장 17절에서는 **루아흐**가 "생명의 기운"으로 번역된다. 즉 **루아흐**가 없으면 숨도 없고 생명도 없다. 욥기 37장 21절과 시편 148편 8절에서는 물리적인 바람을 나타내는 데 **루아흐**를 사용한다. 그리고 예수님은 성령님의 구원 사역을 바람에 비유하신다(요 3:8).

우리는 죄로 인해 영적으로 죽게 되었고, 영이신 하나님과 관계를 맺을 수 없게 되었다. 그러나 복음의 좋은 소식은 영이신 하나님이 예수 그리스도의 인격으로 세상에 오셨다는 것이다. 하나님은 자신이 어떤 분이신지를 우리에게 보여 주시기 위해, 그리고 하나님은 은혜로, 그리스도를 믿는 우리를 그 믿음을 통해서 영적으로 살리시기 위해 세상에 오셨다(엡 2:8-9). 영적으로 살아나는 유일한 방법은 하나님을 알고 하나님께 응답하는 것이다. 하나님을 아는 것은 육적인 영역을 초월한다. 물질적인 현실과 복으로 하나님과 우리의 교제가 강화될 수 있다. 그러나 그 교제에는 외적이고 세상적인 것이 **필요하지 않다**. 우리는 영으로 하나님과 관계를 맺는다.

영이신 하나님이 그리스도 안에서 우리를 살아나게 하시면, 우리는 하나님과 만족스러운 영적 관계 속에서 살아갈 수 있다.

길들일 수 없는 강력한 바람은 하나님의 능력과 무엇이 비슷한가?

고백의 기도 | 하나님, 주님은 영이십니다. 이 물질적인 세상에서 육체를 지니고 살아가면서 "영과 진리로" 주님을 예배하는 법을 제게 가르쳐 주옵소서. 아멘.

더 깊은 묵상 | 사 61:1-3; 요 6:63

5

야훼

자존자, "나는 있느니라"

"여호와는 나의 힘이요 노래시며 나의 구원이시로다 그는 나의 하나님이시니
내가 그를 찬송할 것이요 내 아버지의 하나님이시니
내가 그를 높이리로다"(출 15:2).

하나님이 모세를 부르셔서 히브리 민족을 애굽의 노예 생활로부터 이끌어 내셨을 때, 모세는 주님께 중대한 질문을 했다. **"사람들이 주님의 이름이 무엇이냐고 물으면 어떻게 대답해야 합니까?"**(참조. 출 3:13).

이 질문에 하나님은 "스스로 있는 자"(출 3:14)라고 아리송하게 대답하셨다. 이때 전능하신 하나님은 자신을 히브리어 동사 **하야**로 지칭하셨는데, 이는 '있다', '존재하다'라는 의미다. 시간이 흐르고, 히브리 민족에게 하나님은 야훼라는 이름으로 알려졌다. 이 이름은 구약에 6,800번 넘게 나오며, 영어 성경에서는 '주'(Lord)나 '여호와'(Jehovah)로 번역된다 (개역개정은 '여호와'로 옮김-역주).

학자들은 이 신비한 이름에 담긴 깊은 의미를 알아내려고 논쟁을 벌인다. 그런데 이 논쟁에서 의견이 일치하는 부분이 있다. 바로 하나님은 우리가 이 이름을 통해 하나님이 원인 없이 존재하고 자족하심을 깨닫길 원하신다는 것이다. 하나님은 언제나 존재하셨고, 영원히 계신다.

야훼라는 이름은 하나님이 절대적이시라는 뜻이다. 그분은 외부의 어떤 것에도 의존하지 않으신다. 아무것도 그분을 창조하지 않았고, 아

무엇도 그분을 끝낼 수 없다. 하나님은 독립적이시다. 이 진리는 우리에게 놀라운 영향을 미친다. 예를 들어 이 진리는 하나님이 절대로 변하지 않으신다는 뜻인데, 그렇기 때문에 우리는 하나님의 약속이 절대로 무산되지 않을 것이라고 확신할 수 있다. 우리는 종종 신실하지 못하지만, 하나님은 언제나 전적으로 신실하시다.

야훼라는 이름은 또한 하나님이 자족하시며 하나님에게는 아무것도 필요하지 않음을 뜻한다. 하나님은 절대로 불완전하시거나 불만족하지 않으신다. 하나님은 절대로 지루해하지 않으신다. 절대로 외로워하지 않으신다. 결코 부족함이 없으시다. 충족되지 않을 때가 없으시다. 하나님은 언제나 존재하셨으므로(그리고 언제나 존재하실 것이므로), 하나님의 창조는 의미를 찾기 위한 것이 아니라 사랑을 표현하기 위한 것이다. 하나님은 절대적으로 완전하시다.

히브리어 단어 '**야**'는 야훼의 축약형으로, 성경에서 때때로 다른 단어나 문구와 함께 쓰인다. 예를 들어 **할렐루야**는 "여호와를 찬양하라."라는 의미다. 이름들에도 '야'가 들어가면 더 깊은 의미를 나타낸다. 엘리야는 "여호와는 하나님이시다."라는 뜻이고, 여호수아(여호와+야샤아[구원하다]-역주)는 "여호와는 나의 구원이시다."라는 뜻이다. 각각의 이름은 그 이름을 가진 사람들에게 그들이 원인 없는 위대한 원인이신 하나님에게서 비롯됐음을 상기시킨다.

우리는 하나님에게서 나왔으며 하나님이 필요하다. 그러나 하나님은 아무것도 필요하지 않으신 원인 없는 원인이시다.

하나님이 자존하신다는 사실이 중요한 이유는 무엇인가?

고백의 기도 | 여호와 하나님, 세상 사람들은 모두 영속하지 않는 일시적인 것을 숭배합니다. 주님이 절대자이시고 자존하시며 자족하심을 감사드립니다. 주님은 아무것도 필요하지 않으신데도 주님의 사랑으로 우리를 창조하셨습니다. 제가 주님이 풍족히 받으셔야 할 영광을 주님께 돌리게 해 주옵소서. 아멘.

더 깊은 묵상 | 레 24:16; 시 68:4

6

여호와

스스로 있는 자

"하나님이 모세에게 이르시되 나는 스스로 있는 자이니라 또 이르시되
너는 이스라엘 자손에게 이같이 이르기를
스스로 있는 자가 나를 너희에게 보내셨다 하라"(출 3:14).

거의 사백 년간 이스라엘 자손은 하나님이 죽었다고 생각했다. 아니면 무단으로 이탈했거나 휴가를 가셨다고 생각했다. 아브라함이 하나님을 만나고 얼마 지나지 않아 아브라함의 후손인 이스라엘 민족은 다른 나라의 노예가 되었기 때문이다.

하나님은 이스라엘 민족이 강대한 나라가 되고 가나안 땅을 소유하게 될 것이라고 약속하셨다. 그러나 현실은 애굽의 노예였다. 어떻게 이럴 수 있을까? 하나님은 그들의 하나님이 되시며, 결코 그들을 떠나지 않을 것이라고 확언하셨다. 하지만 당신이 사슬에 매여 수 세기 동안 하나님의 음성을 듣지 못하면, 이런 약속은 잔인한 농담처럼 느껴질 것이다. 아마 그들도 그렇게 생각했을 것이다. "하나님은 신화이고, 아브라함 이야기는 전설일 뿐이야. 약속이 있었다 해도, 분명히 우리가 그 약속을 잘못 이해한 거야."

모세도 이런 의구심과 씨름했을 것이다. 애굽에서 달아나 미디안에 살던 모세는 불붙은 떨기나무를 마주쳤다. 그리고 그곳에서 하나님을 만났다. 하나님은 모세에게 애굽으로 돌아가 그분의 백성을 해방시키

라고 하셨다. 이에 모세는 "누가 나를 보냈다고 말합니까?"라고 물었다. 그러자 하나님은 "스스로 있는 자"(I am)라고 대답하셨다. 이 말은 번역해도 의미가 깊다. 곧 "나는 존재한다."라는 뜻으로, 영원성과 자기 충족성, 불변성을 암시한다.

모세 시대의 이스라엘 백성은 하나님을 잘 몰랐을 수 있다. 그러나 하나님은 여전히 그들을 다 알고 계셨다. 하나님은 그들이 보이지 않는 하나님, 시간을 초월하시는 하나님을 믿기 힘들어할 것을 아셨다. 그들이 변덕스럽고 믿음이 없다는 것을, 그래서 그들의 어리석은 선택의 결과로부터 그들을 끊임없이 구해 내야 한다는 것도 아셨다. 그런데도 하나님은 그들에게 애정을 쏟으셨다.

우리는 하나님께 끊임없이 질문한다. "저를 보실 수 있나요? 저를 알고 싶으신가요? 저를 도와주실 건가요? 저를 용서해 주실 건가요?" 우리의 모든 질문에 대해 하나님은 "그렇다."(I am)라고 대답하신다.

당신은 언제 하나님이 당신을 잊으셨다고 느꼈는가?

고백의 기도 | "스스로 있는 자"이신 하나님, 저는 비록 완전히 이해하지는 못하지만, 주님이 유일하시고 참되신 하나님이시며 우리와 가까이 계시고 변하지 않으시는 하나님이심을 믿습니다. 주님의 약속은 결코 우리를 실망시키지 않을 것입니다. 하나님, 제가 주님의 임재를 의지하며 주님의 변함없는 신실하심을 신뢰하도록 도와주옵소서. 아멘.

더 깊은 묵상 | 요 8:58; 계 1:8

아도나이

주

"여호와와[주님, 새번역]의 이름을 찬양할지어다
그의 이름이 홀로 높으시며 그의 영광이 땅과 하늘 위에 뛰어나심이로다"(시 148:13).

주(Lord)라는 호칭을 들으면 곧바로 빅토리아 시대의 영국에 대한 옛날 영화가 떠오를지도 모른다. 블래빙턴 영주와 그의 부인이 특권을 누리며 그들의 온갖 변덕을 맞춰 주며 바삐 움직이는 충실한 하인들을 거느리고 사는 모습을 그린 영화 말이다. 당신도 알듯이, '주'가 된다는 것은 왕처럼 대접받고 큰 영광을 누리는 것을 뜻한다. 이런 모습도 **어느 정도** 맞다. 그러나 '**주**'(히브리어로는 '**아도나이**', 헬라어로는 '**퀴리오스**')라는 하나님의 이름은 그 이상의 의미를 내포한다.

'여호와'(YHWH)라는 하나님의 이름이 너무나 거룩해서 입에 올릴 수 없다고 여긴 고대 히브리인들은 그 대신 "주"라고 번역되는 '**아도나이**'를 사용했다. **아도나이**라는 칭호 또는 이름에는 '주권'과 '통치권'과 '영광'이라는 개념이 들어 있다.

먼저 우리의 창조자로서 하나님은 우리의 삶에 대한 **주권**, 곧 소유권을 가지신다. 이사야 45장 9절은 이렇게 말한다. "질그릇 조각 중 한 조각 같은 자가 자기를 지으신 이와 더불어 다툴진대 화 있을진저 진흙이 토기장이에게 너는 무엇을 만드느냐 또는 네가 만든 것이 그는 손이 없

1부 하나님, 나의 하나님 29

다 말할 수 있겠느냐." 우리를 만들고 유지하는 토기장이이신 하나님은 우리 삶에 대해 완전한 권위와 통제권을 가지신다.

또 하나님은 **통치권**을 가지신다. 바울은 "[너희가] 값으로 산 것이 되었으니"(고전 6:20)라고 말했다. 우리를 샀다고? 우리는 누군가의 '소유가 되었다'는 생각에 발끈한다. 우리가 왜 다른 사람이 시키는 일을 해야만 할까? 우리는 노예가 아니지 않은가? 그런데 우리는 노예이기도 하고 아니기도 하다. 우리는 죄의 노예 상태에서 벗어나 하나님을 섬기는 새로운 삶을 살도록 사들여졌다(구속받았다). 그러나 하나님은 우리를 제멋대로 다스리는 주인이나 주님이 전혀 아니시다. 하나님은 자기에게 영광이 되고 우리에게 유익이 되도록 우리 삶에 주권을 발휘하시는 자애로우신 아버지이시다. 물론 우리는 그분의 종이다. 그리고 하나님은 우리가 자라나는 것을 보기 원하시는, 우리가 사랑하는 아버지이시다(빌 1:6).

마지막으로 아도나이라는 이름에는 **영광**의 의미가 담겨 있다. 하나님의 조건대로 그분에게 나아간다는 것은 하나님이 당신의 **아도나이**, 즉 당신의 주인이며 소유주이심을 인정하는 것이다. 하나님의 권위에 복종하기가 두려울 수 있지만, 그것은 사실 매우 자유로운 일이다. 주님의 영광을 위해 당신의 삶을 바치는 것은 하나님을 기쁘시게 하는 위대한 믿음의 행위다(참조. 히 11:6). 즉 당신은 이렇게 말하는 셈이다. "주님, 제 삶으로 주님을 영화롭게 하기를 힘쓸지라도 저는 제 삶이 주님의 손안에 있음을 믿습니다. 주님이 저를 돌보실 것이기에, 저는 주님을 섬기기 위해 그리고 주님의 영광을 위해 저를 온전히 바칠 수 있습니다."

하나님은 우리의 주권자이시다. 우리의 통치자이시다. 그분은 모든 영광을 받기에 합당하시다.

당신의 삶에서 하나님께 통치권을 넘겨드리기 어려운 부분은 어떤 것인가?

고백의 기도 | 주인되신 주님, 주님이 저를 값 주고 사셨습니다. 저는 주님의 하인이며 종입니다. 제 삶에 주님의 통치가 나타나고, 제가 주님에게 영광을 돌리는 삶을 살게 해 주옵소서. 아멘.

더 깊은 묵상 | 고전 7:23; 벧후 2:1

8

알레디노스 데오스

참 하나님

> "또 아는 것은 하나님의 아들이 이르러 우리에게 지각을 주사
> 우리로 참된 자를 알게 하신 것과 또한 우리가 참된 자
> 곧 그의 아들 예수 그리스도 안에 있는 것이니
> 그는 참 하나님이시요 영생이시라"(요일 5:20).

세상의 다양한 종교는 하나의 같은 목적지로 향하는 서로 다른 길일 뿐이라는 주장을 들어 본 적 있을 것이다. 말하자면, 하나님이 정상에 계시며 모든 길은 결국 같은 장소로 이어지기에, 어느 길로 올라가든지 상관이 없다는 것이다.

고대 히브리인들도 그런 접근 방식을 취했다. 때때로 그들은 바알이라는 우상을 숭배했다. 어떤 때에는 아세라를 섬겼다. 어떤 때에는 일부 히브리인들이 우상을 숭배해서 자녀를 제물로 바치기도 했다. 그때마다 하나님은 그들의 우상 숭배에 맞서며 그들에게 한결같은 헌신을 요구하셨다. "너는 나 외에는 다른 신들을 네게 두지 말라"(출 20:3).

하나님은 우리의 마음과 삶의 첫 자리를 원하신다. 그래서 유일하며 참 하나님이신 성경의 하나님**께** 향할 때, 우리는 반드시 다른 모든 우상**에게서** 돌아서야 한다. 하나님 아닌 다른 누군가를(또는 무엇을) 섬기는 한, 우리는 절대 만족을 찾을 수 없다. 하나님은 직업이나 친구나 돈보다, 심지어는 가족보다도 먼저, 우리가 첫 번째로 충성을 바쳐야 할 분이시다.

예수 그리스도는 역사상 놀라운 주장을 하셨다. "내가 곧 길이요 진리요 생명이니 나로 말미암지 않고는 아버지께로 올 자가 없느니라"(요 14:6). 이때 예수님이 "나는 어떤 한 진리다."라거나 "나는 많은 진리 가운데 하나다."라고 말씀하시지 않았다는 점을 주목하라.

이런 완전한 유일성에 대해 C. S. 루이스는 그의 논문 "기독교 변증학"에서 다음과 같이 말했다. "기독교는 만약 거짓이라면 전혀 중요하지 않은 주장이고, 만약 참이라면 무한히 중요한 주장이다. 분명한 한 가지는 기독교가 적당히 중요할 수 없다는 것이다." 하나님은 유일하신 참 하나님이시다. 다른 곳에는 구원이나 참 만족이 없다.

오늘날 사람들은 '진리'를 어떻게 정의하는가? 진리는 상대적인가?

고백의 기도 | 참 하나님, 제가 삶에서 하나님을 가장 우선하기를 잊지 않게 해 주옵소서. 주님만이 유일하신 하나님이시며 주님에게서만 참 믿음과 구원과 만족을 찾을 수 있습니다. 아멘.

더 깊은 묵상 | 요 17:3; 행 17:24

9

로고스

말씀

"태초에 말씀이 계시니라 이 말씀이 하나님과 함께 계셨으니 이 말씀은 곧 하나님이시니라"(요 1:1).

영어에는 백만 개가 넘는 단어가 있다고 추정된다. 그에 비해 헬라어 신약 성경에는 약 5,440개의 단어가 있다. 그중 주 예수 그리스도를 묘사하는 데 사용된 가장 흥미로운 헬라어 단어가 바로 **로고스**다(예를 보려면, 요한복음 1장 1절과 14절을 비교해 보라).

로고스는 일반적으로 "말씀"이라고 번역된다. 그러나 헬라어를 사용했던 요한복음의 독자는 이 단어를 훨씬 풍성한 의미를 가진 말로 이해했을 것이다. 그리스 철학에서 **로고스**는 '신적인 지혜'와 만물을 질서 있게 하는 '궁극적인 이성'을 나타내는 데 사용되었다. 따라서 요한이 삼위일체의 둘째 위격에 **로고스**를 사용한 것은 예수님이 사상의 기초이자 근원적인 이념이시며 우주의 궁극적인 지혜의 유일한 원천이시라고 말하는 것이었다.

또한 요한은 덜 철학적이고 더 근본적인 의미에서 그리스도를 "말씀"이라고 부름으로써, 예수님이 '하나님의 소통 수단', '하늘의 선포'라고 선언했다. 잘 선택한 단어가 화자의 의도를 정확하게 표현하듯이, 예수님도 세상에 하나님의 정체를 분명하게 드러내고 설명하신다(요 1:18).

요한에 따르면, **로고스**는 하나님이시고 영원하시며 창조자이시다(요 1:1-4). 실제로 창세기 1장에서 우리는 하나님이 만물을 존재하게 하고 질서 있게 하기 위해 **말씀하시는** 것, 즉 말씀을 사용하시는 것을 본다.

이것은 우리에게 어떤 의미가 있을까? 바로 우리가 하나님을 알기 위해서는 말씀이 필요하다는 것을 뜻한다. 이를 위해 첫째로 우리는 **기록된** 하나님의 말씀에 몰입해야 한다. 신뢰할 수 있는 참된 성경 말씀을 읽고 듣고 공부하고 암송하고 묵상하는 일을 통해 우리는 하나님이 어떤 분이신지 알 수 있다.

둘째로 우리는 **살아 계신** 하나님의 말씀이신 예수 그리스도께 가까이 나아가야 한다. 복음서에서 예수님이 도움이 필요한 사람들과 어떻게 소통하셨는지를 읽으며 우리는 성육신하신 하나님을 가까이에서 인격적으로 엿볼 수 있다. 그도 그럴 것이 **로고스**이신 예수님이 "나를 본 자는 아버지를 보았거늘"(요 14:9)이라고 말씀하셨기 때문이다.

우리가 사용하는 단어(words)는 백만 개가 넘는다. 그러나 신자에게 진짜로 필요한 말씀(words)은 단 두 가지다. 즉 기록된 하나님의 말씀과 살아 계신 말씀이신 예수님뿐이다.

로고스 개념은 예수님에 대한 당신의 이해에 어떻게 영향을 미치는가?

고백의 기도 | 아버지, 주님의 기록된 말씀인 성경을 주셔서 감사합니다. 또한 살아 계신 말씀이신 예수님을 주셔서 감사합니다. 주님을 찾는 우리에게 주님을 더 많이 알려 주옵소서. 아멘.

더 깊은 묵상 | 요 1:14; 히 4:12

10

아빠

아버지

"너희가 아들이므로 하나님이 그 아들의 영을 우리 마음 가운데 보내사 아빠 아버지라 부르게 하셨느니라"(갈 4:6).

언론이 나쁜 아버지를 많이 보도하다 보니, 하나님을 아버지로 여기기 어려워하는 사람이 많다. 가정이 분열된 우리 사회에는 주말에만 아버지를 만나거나 아버지 없이 자라는 사람들도 많다. 또 훌륭한 아버지라 해도 참을성을 잃거나 다른 일에 신경 써야 할 때가 있다. 그래서 하나님이 "아버지"이시라는 개념은 많은 상상력과 더 큰 믿음을 요구한다. 이때 하나님이 **완벽한** 아버지, 인간의 연약함이 없으신 아버지이시라는 사실을 기억하면 도움이 된다. 하나님은 백 퍼센트 사랑이시며, 백 퍼센트 그분의 영광과 우리의 유익을 위해 일하신다.

예수님은 하나님이 누구이시며 어떤 분이신지 33년간 세상에 '실물교육'을 하시며(요 1:18), 하늘 아버지가 우리에게 열렬한 관심을 기울이신다는 사실을 분명하게 밝히셨다. 실제로 하나님은 우리 삶의 가장 작은 부분까지도 알고 계신다(마 10:29-31). 우리를 대화에 초대하시고(마 6:9), 평범하든 중요하든 모든 필요와 관심사에 대해 듣기를 열망하신다. 유한하고 흠 있는 이 땅의 아버지들과 달리, 하나님은 절대 분주하지 않으시고, 스트레스를 받지 않으시며, 자기중심적이지도 않으시다.

그리고 가장 훌륭하고 지혜로운 아버지들처럼, 우리에게 징계가 필요할 때 우리를 징계하신다(벌하시는 것이 아니라 바로잡으신다). 하나님은 우리가 무엇을 위해 창조되었고 어디로 가야 하는지, 우리 성격의 결점이 무엇인지 알고 계신다. 하나님은 이것을 모두 염두에 두시고, 장기적으로 우리에게 유익이 되는 삶의 방식으로 우리를 훈련하신다(히 12:9).

또 아버지 하나님은 우리를 보호하신다. 악으로부터 막고, 우리를 안전하게 지키기를 원하신다. 하나님은 다정하시다. 그래서 우리는 그분이 우리의 힘든 상황을 개선해 주실 것을 기대할 수 있다. 하나님은 강하시다. 그래서 우리는 모든 일을 바로잡아 주실 것을 확신하고 그분에게 달려가 그 품에 숨을 수 있다. 무엇보다도 우리 하늘 아버지는 그분의 자녀와 친밀한 관계를 맺기를 원하신다. 우리와 함께 삶의 기쁨을 누리고 싶어 하시며, 우리가 슬퍼할 때 안아 주고 싶어 하신다.

만약 당신이 한결같이 곁에 있는 아버지 밑에서 자랐다면, 그 아버지를 통해 더 좋으신 하늘 아버지를 바라보라. 만약 당신이 좋은 아버지 없이 자랐다면, 우리 마음의 가장 깊은 필요와 갈망을 완벽하게 충족시키는 **아빠**에게 나아가라.

당신은 아버지 하나님과 어떤 관계를 맺고 있는가?

고백의 기도 | 아버지 하나님, 제 마음에 있는 '아버지에 대한 응어리'를 해결해 주셔서 주님을 저의 완전하고 사랑 많으신 하늘 아버지로 보고 받아들일 수 있게 해 주옵소서. 아멘.

더 깊은 묵상 | 마 7:11; 막 14:36

2부

우리의
피난처이신
하나님

마온

엘 셀리

쭈르 이스라엘

여호와 마겐

여호와 마흐시

하나님은 하나님을
사랑하는 자들을 보호하신다.

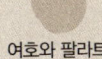
여호와 팔라트

미그달 오즈

메쭈다

케렌 예샤

엘 예슈아티

11

엘 셀리

나의 반석이신 하나님

"주는 나의 반석과 산성이시니
그러므로 주의 이름을 생각하셔서 나를 인도하시고 지도하소서"(시 31:3).

자동차 회사 쉐보레는 10년 이상 '바위 같은'이라는 슬로건으로 트럭 수백만 대를 판매했다. 바위는 단단하고 보호력이 뛰어나며, 내구성이 좋고 오래가며, 강하다. 이 거대한 바위는 굳건한 믿음과 안전, 견고한 결혼 생활, 탄탄한 재정, 안정적인 직업, 지속적인 우정 등 우리가 삶에서 바라는 모든 것을 상징한다.

그러나 세상의 모든 것은 기대에 어긋난다. '바위 같은' 친구와 가족도 결국 실망을 준다. 견실한 우량 기업도 정리 해고를 한다. '확실한' 재정 계획도 실패한다. 그리고 최고의 트럭도 결국은 마모된다! 시간 앞에서 강력하고 거대한 반석들(문자적이든 비유적이든)은 모두 붕괴한다.

그런데 예외가 하나 있다. 바로 반석이신 하나님이시다. 반석이신 하나님이 주시는 무한하고 영원한 안전은 변하기 쉬운 모래인 인간이 만든 '반석 대체물'과 대비된다. 다윗이 자신의 비유를 어떻게 확장하는지 주목하라. 하나님이 반석이시기에 우리는 하나님 안에서 피난처를 찾을 수 있다. 다시 말해 우리는 하나님께 달려가 그분 안에 숨을 수 있다. 그리고 그렇게 할 때 우리는 안전하다(잠 18:10).

다윗이 반석이라는 예를 든 것은 단지 하나님의 강하심을 전달하기 위함이 아니었다. 다윗은 경험을 통해 진리를 배웠다. 자기를 죽이려는 사울 왕을 피하려고 애쓰며 10년 이상을 보냈고, 수년 동안 바위 뒤에 숨어 지냈으며, 유대 광야의 바위 동굴에서 무수한 밤을 보냈다. 두려운 순간이 많았지만, 다윗은 언제나 하나님의 손안에서 안전했다.

후에, 예수님은 반석과 모래 이미지를 사용해서 하나님 나라와 세상 나라의 엄청난 차이를 강조하신다(마 7:24-27). 예수님의 요점은 무엇일까? 우리가 돈이나 아름다움, 사회적 지위와 같은 수많은 세상의 덫과 흔들리는 기초 위에 우리 삶을 세우면, 우리 삶은 물가에 너무 가까이 지은 모래성과 같이 된다.

그러나 우리가 겸손히 하나님을 신뢰하고 하나님의 성품과 진리 위에 설 때, 우리는 큰 혼란과 불확실성 가운데서도 세상이 줄 수 없는 안정과 능력과 지혜, 초자연적인 위로와 안전을 얻게 된다.

하나님은 우리의 반석이시다. 다른 것은 모두 모래, 즉 흘러내리는 모래다!

당신의 반석이신 하나님을 생각하면 어떤 것이 떠오르는가?

고백의 기도 | 사랑하는 하나님, 주님을 나의 반석으로 신뢰하기를 원합니다. 저는 너무나 자주 저의 힘이나 경력이나 관계나 일시적인 상황에서 안전을 찾습니다. 제가 주님만이 주실 수 있는 진정한 안정에 소망의 근거를 두게 하옵소서. 아멘.

더 깊은 묵상 | 시 62:2; 94:22

12

메쭈다

요새

"이르되 여호와는 나의 반석이시요 나의 요새시요 나를 위하여 나를 건지시는 자시요"(삼하 22:2).

히브리어에서 "요새"를 뜻하는 단어는 일반적으로 산꼭대기에 있는 성채를 가리킨다. 다윗은 누구보다도 그런 장소에 익숙했다. 목자로서 양 떼를 위해 안전한 피난처를 찾아야 했기 때문이다. 나중에 청년 때는 이스라엘 군대에 속해 싸웠으며, 사울을 피해 도망하는 세월을 보내기도 했다.

양 떼를 보호하든, 전투에서 적과 맞서든, 피해망상에 빠져 살의를 품은 왕을 피하든, 다윗은 높은 보루와 바위 성채를 찾아 거기에 숨는 것이 얼마나 중요한지 알았다. 또한 가장 훌륭한 이 땅의 성채도 백 퍼센트 안전하지 않다는 것을 알았다(한번은 사울을 피해 외딴 광야 동굴 구석에 숨어 있었을 때, 사울이 갑자기 용변을 보러 동굴에 들어오는 바람에 다윗은 무방비 상태로 거의 붙잡힐 뻔했다).

그래서 다윗은 하나님을 자신의 궁극적인 보호자로 신뢰했다. 하나님이 어떤 망대보다 높으시며 어떤 바위 성채보다 견고하시므로, 우리는 하나님에게서 진정한 안전과 든든함을 발견할 수 있다. 다윗은 군대와 무기가 열세할 때에도 하나님이 자기를 위하시는 한 아무도 자기를 해칠 수 없다고 믿었다. "내가 하나님을 의지하였은즉 두려워하지 아니하리니 혈육을 가진 사람이 내게 어찌하리이까"(시 56:4).

지금 당신을 위협하는 것은 구체적으로 무엇인가? 피해 달아나고 싶은 문제는 무엇인가? 지속적으로 보호해 줄 수 없는 세상 것들, 즉 직업이나 돈이나 관계나 성이나 음식이나 오락 등에서 피난처를 찾지 말고 당신의 요새이신 하나님께 달려가 그분 안에 숨으라.

요새에 숨는 것이 언제나 편안한 것은 아니다. 사실 그것은 제한적이다. 그러나 그 또한 잠시다. 왜일까? 다윗이 외치듯이, 하나님은 요새이실 뿐만 아니라 또한 구원자이시기 때문이다!

사람이나 사건이나 상황이 당신을 공격할 때, 하나님은 가장 혹독한 공격에서 당신을 지켜 주실 요새이시다.

당신은 삶에서 요새이신 하나님을 경험한 적이 있는가? 구체적으로 어떤 경험이었는가?

고백의 기도 | 요새이신 하나님, 제가 주님의 보호를 받을 때 나를 공격하는 어떤 무기도 소용이 없다는 것을 압니다. 주님에게 그리고 주님의 보호하심에 나를 맡깁니다. 아멘.

더 깊은 묵상 | 잠 18:10; 사 54:17

13

여호와 팔라트

건지시는 여호와

> "여호와는 나의 사랑이시요 나의 요새이시요 나의 산성이시요
> 나를 건지시는 이시요 나의 방패이시니
> 내가 그에게 피하였고 그가 내 백성을 내게 복종하게 하셨나이다"(시 144:2).

출산은 종종 **구조**(delivery, 분만)로 표현된다. 산부인과 병동은 의사와 간호사가 아기를 **구조하는** 곳이다. 이는 출산의 과정이 한 생명, 한 영혼이 한 영역에서 다른 영역으로, 즉 태에서 세상으로 옮겨지는 것이기 때문이다. 아기는 더 이상 머물 수 없는 곳에서 **구조되어** 예정된 대로 사람이 될 수 있는 곳으로 옮겨진다.

마찬가지로 성경은 하나님을 "건지시는 이"(여호와 팔라트)라고 부른다. 우리는 하나님의 백성이 어려움에서 건짐을 받거나 탈출해서 복에 들어간 이야기를 셀 수 없이 읽는다. 다윗은 사울의 살해 위협에서 건짐을 받아 사울의 왕좌에 올랐다. 다니엘은 사자굴에서 건짐을 받아 왕의 궁중에 들어갔다. 히브리 노예들은 애굽의 종살이에서 건짐을 받아 젖과 꿀이 흐르는 땅에 들어갔다. 때때로 태어나기를 서두르지 않는 듯한 아기들처럼, 하나님의 백성도 때로는 구원을 거부하거나 구원 과정을 되돌려 이전으로 돌아가고 싶어 했다! 그러나 그런 모든 상황 가운데서 그리고 그런 모든 상황을 통해서 하나님은 강력하고 인내심 있게 구원하셨다.

숙련된 산부인과 전문의나 경험이 많은 조산사를 생각해 보라. 그들은 분만 과정이 어떤 일을 수반하는지 그리고 그 과정에 무엇이 필요한지 안다. 두려운 순간과 고통스럽고 불확실한 순간이 있을 것이다. 문제가 발생할 수도 있다. 때로는 관련된 사람들이 충동적으로 두려움과 후회를 드러내기도 한다. 눈물과 고통스러운 비명도 드문 일이 아니다. 하지만 분만을 돕는 이는 그 과정 끝에 무엇이 있는지도 안다. 그 끝에는 엄청난 기쁨과 축하, 새 생명에 대한 경이로움이 있다. 분만 과정은 그만큼 가치가 있다!

이런 모든 이유로, 우리의 삶을 **여호와 팔라트**의 손에 맡기는 것은 지혜로운 일이다. 하나님이 당신을 지금 있는 곳에서 건져 내어 다음에 있어야 할 곳으로 인도하시게 하라.

하나님은 당신을 어떻게 건져 주셨는가?

고백의 기도 | 저를 건지시는 아버지, 오늘 저를 짓누르는 것에서 건져 주셔서 감사합니다. 그 과정이 힘들 수도 있지만, 선하시고 능하신 주님의 손안에 있음을 입니다. 아멘.

더 깊은 묵상 | 삼하 22:2; 시 40:17

14

마온

거처

"주여 주는 대대에 우리의 거처가 되셨나이다"(시 90:1).

"집이 최고다."라는 말은 정말 맞다. 값싼 아파트든 대저택이든 신발을 벗어 던지고 그냥 편하게 있을 수 있는 곳이 있다면, 사랑받을 수 있고 안전하며 평안을 누릴 수 있는 곳이 있다면, 당신은 정말로 복을 받은 것이다.

그런데 아는가? 당신에게는 그런 장소가 **있다**. 성경은 하나님이 "우리의 거처"이시라고 말한다. 모세가 하나님을 "우리의 거처"라고 부른 것은 우리가 '하나님 안에' 거할 수 있다고 말한 것이었다. 예수님도 "내 안에 거하라"(요 15:4)라고 말씀하셨다. 즉 "나를 네가 사는 집으로 삼으라."라고 말씀하셨다.

하나님이 우리의 영적인 집이라니, 얼마나 놀라운 생각인가! 우리는 하나님의 담장 안에서 안전을 누릴 수 있고, 하나님의 사랑의 온기를 즐길 수 있으며, 하나님 임재의 평화를 경험할 수 있다. 또 우리가 지쳤을 때는 안식을 얻을 수 있고, 세상에 치였을 때는 용기를 얻을 수 있다. 하나님 안에 거하는 것은 우리가 하나님을 깊이 그리고 삶을 변화시키는 방식으로 알게 되는 것을 의미한다.

하나님이 우리 마음의 진정한 집이시므로, 우리는 또 다른 격언도 진리라는 것을 깨닫게 된다. "마음이 있는 곳이 집이다."

하나님은 어떻게 당신의 거처, 당신이 평안을 느낄 수 있는 장소가 되어 주시는가?

고백의 기도 | 주님, 주님이 저의 거처이십니다. 제가 진정한 안식과 안전과 평안을 얻을 수 있는 유일한 장소이십니다. 감사합니다. 제가 주님 안에서 살아가게 도와주시옵소서. 아멘.

더 깊은 묵상 | 신 33:27; 시 71:3

15

여호와 마겐

방패이신 여호와

"우리 영혼이 여호와를 바람이여 그는 우리의 도움과 방패시로다"(시 33:20).

가장 맹렬하고 잘 훈련된 군인이라도 보호받지 못하면 소용이 없다. 이것은 육군사관학교 학위가 없어도 알 수 있는 사실이다. 무방비 상태의 군대는 금세 전쟁의 희생양이 된다. 이는 불변의 진리다. 성경 시대에는 칼이 유용했고 창도 도움이 됐으며 물매도 치명적이었지만, 방패야말로 군인에게 가장 중요한 무기였다.

하나님은 아브라함을 부르신 직후에 그에게 **여호와 마겐**이 되겠다고 약속하시면서 이렇게 말씀하셨다. "아브람아 두려워하지 말라 나는 네 방패요 너의 지극히 큰 상급이니라"(창 15:1). 아브라함은 하나님이 택한 민족의 조상이었지만, 이름과 약속뿐이었지 그는 여러 해 동안 큰 집단을 이루지 못했다. 아브라함은 수만 명이 사는 도시에 살지도 않았다. 그의 야영지에는 둘러싼 담도 없었다. 밤에 안전하게 지켜 줄 요새도 없었다. 유일하게 아브라함의 안전을 보장해 주었던 것은 그의 **방패**가 되시겠다고 약속하신 하나님뿐이었다. 하지만 그것으로 충분했다.

역사를 통해 하나님은 그분이 자기 백성의 방패가 되신다는 것을 분명히 보여 주셨다. 우리는 주로 육체의 안전에 초점을 맞추지만 하나님은 우리의 인간관계와 감정, 직업, 재정 등 다른 면에서도 우리의 방패가 되기를 원하신다. 하나님은 단지 도둑과 폭력배와 같은 육체적인 위험으로부터만 아니라 우리가 볼 수 없는 영적인 세력으로부터도 우리를 지켜 주고 싶어 하신다.

이처럼 "우리의 방패이신 하나님"은 강력한 개념이며, 하나님의 다른 속성과 결합할 때 훨씬 더 소중한 의미를 갖는다. 예를 들어 하나님은 변하지 않으시므로, 우리는 아브라함을 둘러싼 그 보호의 방패가 우리를 둘러싸고 있다는 것을 안다. 하나님은 전능하시므로, 우리는 "악한 자의 모든 불화살"(엡 6:16)이 하나님의 보호하심을 조금도 뚫을 수 없다는 것을 안다.

하나님은 언제나 현존하시므로, 우리는 하나님의 방패가 언제나 우리와 함께 있다는 것을 안다. 하나님은 전지하시므로(모든 것을 아시므로), 모든 위험을 아시며 우리를 보호하실 최선의 방법을 아신다.

하나님이 당신의 방패라고 느꼈던 때는 언제인가?

고백의 기도 | 방패이신 하나님, 제가 이해하지 못하는 방식이더라도 주님이 저를 보호하심을 깨닫습니다. 제가 주님을 나의 방패로 의지하게 도와주옵소서. 하나님이 저를 그렇게 보호하신다는 것을 확신하며 살아가게 하옵소서. 아멘.

더 깊은 묵상 | 신 33:29; 시 18:30

16

미그달 오즈

견고한 망대

"주는 나의 피난처시요 원수를 피하는 견고한 망대이심이니이다"(시 61:3).

많은 고대 도시의 스카이라인의 중앙에는 하나의 요새가 위치한다. 사람들은 적이 쳐들어오면 높은 탑인 이 성채로 도망쳐 피신하곤 했다. 이 요새는 흔히 작은 입구에서 시작해 위로 올라갈수록 더 좁아지는 나선형 계단으로 이루어져 있다(아일랜드의 일부 해안 도시에는 아직도 이런 높고 둥근 탑이 몇 군데 남아 있다). 도시의 남자들은 적에게 활을 쏘거나 끓는 기름을 부을 수 있었다. 여자들과 아이들은 더 높은 곳에 있는 견고하고 '안전한 방'에 올라가 더 나은 피난처와 안전을 찾았다. 위험이 지나가거나 지원군이 오면 사람들은 은신처에서 나왔다.

시편 61편에서 다윗은 하나님을 "견고한 망대"라고 부른다. 이 생생한 묘사는 의인이 주님에게 달려가, 싸움에서 벗어나 안전한 모습을 떠올리게 한다. 당연히 다윗의 요점은 주님이 궁극적인 안전한 장소이시라는 것이다. 이런 개념을 보여 주는 하나님의 약속을 생각해 보라.

- "여호와의 이름은 견고한 망대라 의인은 그리로 달려가서 안전함을 얻느니라"(잠 18:10).

- "누구든지 여호와의 이름을 부르는 자는 구원을 얻으리니"(욜 2:32).
- "여호와는 나의 반석이시요 나의 요새시요 나를 위하여 나를 건지시는 자시요"(삼하 22:2).
- "하나님은 나의 요새이시니 그의 힘으로 말미암아 내가 주를 바라리이다"(시 59:9).
- "나는 무리에게 이상한 징조 같이 되었사오나 주는 나의 견고한 피난처시오니"(시 71:7).

오늘 당신이 직면한 불안하거나 심지어 두려운 상황이 무엇이든지, 좋은 소식은 하나님이 견고한 망대이시라는 것이다. 하나님의 마음과 역할은 보호하시는 것이다. 당신의 역할은 그저 하나님께 달려가 그분 안에 숨는 것이다.

세상에서 가장 견고하고 가장 높은 망대라도 우리가 그 안으로 피하지 않는 한 아무런 소용이 없다는 사실을 기억하라.

도움이 필요한 친구에게 하나님이 우리의 "견고한 망대"이시라는 것과 그 은택을 어떻게 소개하겠는가?

고백의 기도 | 하나님, 주님은 난공불락이며 무적인 망대이십니다. 제가 가짜 안전 수단을 의지하지 않고 제일 먼저 주님께 달려가도록 지혜를 주옵소서. 아멘.

더 깊은 묵상 | 삿 9:51; 삼하 22:51

17

엘 예슈아티

나의 구원이신 하나님

"보라 하나님은 나의 구원이시라 내가 신뢰하고 두려움이 없으리니 주 여호와는 나의 힘이시며 나의 노래시며 나의 구원이심이라"(사 12:2).

모세가 죽고, 하나님은 유능한 장군인 여호수아를 택하셔서 이스라엘 백성을 인도하게 하셨다. 그의 임무는 그 백성이 죽음과 불안으로 점철된 40년의 암울하고 긴 광야 생활에서 **벗어나**, "젖과 꿀이 흐르는"(신 6:3) 가나안의 땅에서 풍요하고 새로운 삶에 **들어가게** 하는 것이었다. 하나님의 바람은 이스라엘이 그 땅에 정착해 평화와 안식을 누리는 것이었다. 여호수아의 히브리어 이름 **예슈아**가 "여호와는 구원이시다."라는 것과 참으로 잘 어울린다.

약 14세기 후에 그 지역에서 한 남자아이가 태어났다. 아이의 이름은 여호수아, 즉 **예슈아**로 헬라어로는 **예수스**[예수]였다. 이 유사성은 우연이 아니다. 하나님은 여호수아가 하나님의 백성을 불안한 삶에서 평화와 충만함이 있는 장소로 인도한 것처럼, 새로운 여호수아이신 예수님이 영적 사막에서 방랑하는 모든 사람을 궁극적인 안식처로 인도하신다는 것을 우리가 깨닫기를 원하신다(히 4:8).

이사야가 하나님을 **엘 예슈아티**라고 부르는 말씀을 이해하려면, 그 이름의 역사적 맥락을 아는 것이 중요하다. 이는 **예슈아**의 변형으로,

하나님이 **우리의 구원의 하나님**이시라는 의미다. 하나님의 구원은 과거와 현재, 미래, 곧 삶의 모든 측면을 아우르는 놀라운 포괄성을 가진다. 또한 영적으로 죄를 용서하고 새 생명을 줄 뿐만 아니라 육적이고 현세적이기도 하다. 예를 들어 성경에서 구원을 바라는 많은 부르짖음은 현세의 적과 세상의 어려움에서 구해 달라는 간청이었다. 한마디로, 하나님은 관계와 직업, 감정, 사회, 재정난 등 온갖 곤경에서 우리를 벗어나게(또는 통과하게) 하실 수 있다. 그런 하나님이 우리와 함께하신다.

이사야는 하나님을 **엘 예슈아티**라고 부르며 우리에게 두 가지 진리를 상기시킨다. 첫째, 우리는 구원이 절실히 필요하다. 둘째, 우리 하나님은 그 구원을 주실 수 있으시다. 하나님은 우리에게 안식과 승리를 주기를 바라시기에, 하나님은 구원할 능력이 있으시며, 해방하고 구속하고 건져 내고 회복하는 일에 열중하신다. 이런 **엘 예슈아티**에게 집중함으로 우리는 시편 68편 20절의 소망을 본받는다. "하나님은 우리에게 구원의 하나님이시라 사망에서 벗어남은 주 여호와로 말미암거니와."

우리의 구원을 시작하시고 완성하시는 하나님에게 시선을 집중하면, 우리는 하나님을 의지하게 된다.

당신의 광야, 오랜 어려움은 무엇인가? 어떻게 하면 하나님의 구원을 끈질기게 간구할 수 있을까?

고백의 기도 | 구원이신 하나님, 제게 끊임없이 구원이 필요하며, 주님은 언제나 구원하시는 하나님이시라는 것을 깨닫는 안목을 주옵소서. 아멘.

더 깊은 묵상 | 출 15:2; 시 62

18

여호와 마흐시

나의 피난처이신 여호와

"하나님은 우리의 피난처시요 힘이시니 환난 중에 만날 큰 도움이시라"(시 46:1).

때로는 우리가 볼 수 없는 것들이 가장 위험하다. 인터넷 해커, 공기 중의 독소, 음식의 불순물, 모퉁이에서 갑자기 튀어나오는 난폭 운전자 등 이런 위협으로부터 안전한 피난처가 있을까?

성경에서 우리는 '도피성'을 볼 수 있다. 이 지정된 도시는 사람들이 피해 숨을 수 있는 안전한 장소를 제공했다. 예를 들어 뜻하지 않게 사람을 죽였을 때, 도피성으로 도망해 보호를 받을 수 있었다. 이 도피성 성벽 안에서는 슬픔과 분노에 사로잡혀 복수하려는 가족으로부터 안전할 수 있었다. 이 도피성에 머무는 한 기습적인 보복의 위협으로부터 안전했다.

성경에서 우리는 피난처를 찾는 데 전문가인 또 다른 사람을 볼 수 있다. 바로 다윗이다. 그는 궂은 날씨를 피하거나 살의를 가진 사울왕으로부터 숨기 위해 종종 동굴에 웅크리고 있었다. 그는 사울왕이 정확히 어디에 있는지 거의 알지 못했고, 다만 어딘가에서 자신을 찾고 있으며 언제라도 공격할 수 있다는 것만 알았다. 따라서 다윗이 하나님을 "피난처"(마흐시)라고 부른 것은 놀라운 일이 아니다.

이 단어는 아주 풍성한 이미지를 지닌 엄청난 말이다. **마흐시**는 "나의 피난처"를 뜻하지만, '나의 소망'이나 '내가 신뢰하는 분'으로도 옮길 수 있다. 어떤 도시나 동굴도 완전히 안전할 수 없지만, 다윗은 **여호와 마흐시**는 언제나 안전하다는 것을 배웠다.

오늘날 당신을 향한 위협은 몇 가지에 불과할 수 있다(그리고 다른 수백 가지 위험은 감지하지 못했을 수도 있다.). 그러나 당신은 예측할 수 있는 모든 어려움뿐만 아니라 상상조차 할 수 없는 위험들로부터 하나님이 당신을 보호해 줄 피난처이심을 믿을 수 있다.

하나님의 진정한 능력은, 우리가 결코 알지 못하는 수많은 방법으로 우리를 구원하신다는 것이다. 하나님의 개입으로 인해, 우리는 애초에 그런 위험을 전혀 보지 못했을 수도 있다

삶을 돌아볼 때, 위험이 지나간 지 한참 뒤에서야 하나님의 보호하심을 깨달은 적이 있는가?

고백의 기도 | 피난처이신 하나님, 주님이 언제나 저의 피난처이셨으며 앞으로도 피난처가 되실 것임을 제가 깨닫게 해 주옵소서. 일이 어렵고 뜻대로 되지 않을 때, 하나님이 저를 훨씬 나쁜 결과로부터 보호하신다는 것을 기억하게 해 주옵소서. 아멘.

더 깊은 묵상 | 시 91:9; 히 6:18-20

19

케렌 예샤

나의 구원의 뿔

"내가 피할 나의 반석의 하나님이시요 나의 방패시요 나의 구원의 뿔이시요
나의 높은 망대시요 나의 높은 망대시요 그에게 피할 나의 피난처시요
나의 구원자시라 나를 폭력에서 구원하셨도다"(삼하 22:3).

성경이 하나님을 "나의 구원의 뿔"이라고 부르는 것이 21세기의 우리에게는 낯설게 들릴 수 있다. 여기서 말하는 뿔(horn)이 뭘까? 자동차 경적? 사슴뿔? 트럼펫?

야생 동물은 뿔을 사용해 공격한다. 코뿔소를 생각해 보라. 코뿔소는 커다란 몸집과 두껍고 질긴 가죽이 인상적인 동물이지만, 코뿔소를 구해 주는 것은 뿔이다. 위협을 받을 때, 코뿔소의 거대한 뿔은 성난 사자를 찢어 버릴 수 있는 치명적인 무기가 된다.

성경은 이런 뿔의 이미지를 빌려 힘과 승리를 나타낸다. 예를 들어 다윗이 하나님을 "나의 구원의 뿔"이라고 부르는 것은 하나님이 공세를 취하셔서 택하신 백성을 적에게서 구원하시고 주변 위협을 제거하신다는 것을 말하는 표현 방식이다. '하나님의 뿔'의 강력한 한 방은 우리를 충분히 구원하고도 남는다.

그런데 또 하나 주목할 점이 있다. 사무엘하 22장 3절에서 이 뿔의 공격적인 특성은 방패의 방어적인 개념과 짝을 이룬다. 많은 동물에게 있어, 거대한 뿔은 잠재적인 공격자에게 경고하고 그들을 제지하는 역

할을 한다. 다시 말해 우리의 뿔이신 하나님은 우리를 위해 싸우실 뿐 아니라 또한 방패가 되셔서 우리를 보호하신다.

"우리의 구원의 뿔"은 궁극적인 승리를 위해 우리가 필요한 모든 것이시다. 하나님은 적에게 겁을 주는 피난처이시며, 우리는 그분 뒤에 숨을 수 있다. 또 하나님은 우리를 위협하는 자를 공격하는 분이시다. 하나님은 우리에게 궁극적인 방어와 공격, 즉 위대한 구원을 주신다.

오늘 당신은 나약하고 무력하다고 느낄 필요가 없다. 당신이 무방비 상태로 이 세상을 돌아다닌다고 생각하지 말라. "당신의 구원의 뿔"이 당신을 위해 싸우신다.

하나님은 자신이 하시는 일이 무엇인지 아시며, 당신은 하나님이 그 일을 책임지신다는 사실을 확신할 수 있다.

"나의 구원의 뿔"이신 하나님은 당신에게 어떻게 도움이 되시는가?

고백의 기도 | 하나님, 주님은 저의 위대한 구원의 뿔이십니다. 주님은 저를 위해 싸우시려고 일어나십니다. 주님이 모든 원수에게 승리하셨음을 감사합니다! 주님, 제가 평생 두려움 없이 주님을 섬기게 하옵소서. 아멘.

더 깊은 묵상 | 시 18:2; 92:9-10; 눅 1:69

20

쭈르 이스라엘

이스라엘의 반석

"이스라엘의 하나님이 말씀하시며 이스라엘의 반석이 내게 이르시기를
사람을 공의로 다스리는 자, 하나님을 경외함으로 다스리는 자여
그는 돋는 해의 아침 빛 같고 구름 없는 아침 같고 비 내린 후의 광선으로
땅에서 움이 돋는 새 풀 같으니라 하시도다"(삼하 23:3-4).

이스라엘 백성은 역사 내내 위협과 학대를 받았다. 유대인들은 다른 나라에게 공격받고 노예가 되며, 그들을 대량 학살하려는 광적인 지도자들의 표적이 되어 수천 년 동안 불안에 시달렸다. 그래서 위대한 왕 다윗이 임종할 때 하나님을 **쭈르 이스라엘**, 즉 "이스라엘의 반석"이라고 부른 것을 볼 때, 우리는 일어나 주의를 기울이지 않을 수 없다(지혜로운 사람들은 죽음에 직면할 때 종종 아주 명료하게, 놀라운 시각으로 사물을 바라본다).

다윗은 이스라엘이 절대로 위대한 정치적 지도자나 군사력을 통해 구원받거나 유지되지 않는다고 말한다. 그들의 안전은 다른 나라와의 동맹에서도 찾을 수 없었다. 오직 이스라엘의 반석, 이스라엘의 기초이신 하나님이 그들의 궁극적인 안전을 지켜 주셨다. 무엇이 중요한가? 무엇이 안전을 지켜 줄 수 있었는가? 다윗은 진리를 명확히 보았다. 반석은 하나뿐이다. 안전한 장소는 하나뿐이다. 안전한 피난처는 하나뿐이다. 하나님뿐이다.

이 진리를 어렴풋이 본 다른 사람들도 있다. 예수님 옆의 십자가에 달린 강도는 죽음이 임박했다는 것을 깨달았을 때 더 이상 자신의 지혜

나 자기가 의롭다는 망상에 의지하지 않았다. 의지할 것이 다 사라지자, 그는 예수님께 자신의 솔직한 생각과 절박한 필요를 쏟아 냈다. 또 다른 사람 욥은 자기의 재물과 그보다 더 소중한 자녀들을 모두 잃었을 때, 더는 소유물에 마음을 쓰지 않았다. 그는 하나님 안에서 의미를 찾는 데 집중했다. 그리고 예레미야 선지자는 죽음의 위협에서 벗어날 수 없을 때, 자신을 삶을 하나님께 그리고 오직 하나님 안에서만 만족을 찾는 것에 집중했다.

당신은 유대인이 아닐 수 있고, 사망의 음침한 골짜기에 있지도 않을 수 있다. 그렇더라도 이스라엘의 반석은 당신의 반석이시다. 그분이 삶의 유일하고 확실한 기초이시다.

반석이신 하나님은 구체적으로 어떤 면에서 당신에게 안전을 주시는가?

고백의 기도 | 이스라엘의 반석이시고 야곱의 반석이시며 다윗왕의 반석이신 하나님께 감사를 드립니다. 주님이 저의 반석이심을 감사합니다. 다른 모든 기초는 가라앉는 모래라는 것을 제가 기억하게 해 주옵소서. 아멘.

더 깊은 묵상 | 신 32:4; 삼하 22:2

3부

은혜로우신 하나님

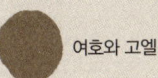
여호와 고엘

엘 라함

여호와 이레

엘 여수룬

여호와 하눈

하나님은 은혜가 풍성하시다.

엘로아흐 셀리호트

여호와 카다쉬

엘 하네에만

엘 나사

사르 샬롬

21

여호와 이레

나의 공급자이신 하나님

"아브라함이 눈을 들어 살펴본즉 한 숫양이 뒤에 있는데 뿔이 수풀에 걸려 있는지라 아브라함이 가서 그 숫양을 가져다가 아들을 대신하여 번제로 드렸더라 아브라함이 그 땅 이름을 여호와 이레라 하였으므로 오늘날까지 사람들이 이르기를 여호와의 산에서 준비되리라 하더라"(창 22:13-14).

하나님은 자기 백성에게 자주 '불가능한' 일을 요구하신다. "**원수를 사랑하라.**" "**네게 상처를 준 사람들을 용서하라.**" "**염려하지 말라.**" "**이기적으로 행동하지 말라.**" "**시련 가운데서도 기뻐하라.**" 이렇게 사는 것이 올바르다. 하지만 이렇게 사는 것이 정말로 가능할까?

물론 가능하다. 그러나 아브라함처럼 하나님을 알아야만 가능하다. 아브라함 이야기를 기억하는가? 은혜로우신 하나님은 이 위대한 족장의 삶에 개입하셔서 온갖 놀라운 약속과 복을 주셨다. 그중 가장 중요한 약속이 아들이었다(창 12-21). 그런데 하나님은 끔찍한 시험과 함께(창 22) 상상할 수 없는 일을 요구하셨다. 그가 사랑하는 이삭, 평생을 기다려 얻은 아들을 제물로 바치라는 것이었다. 그 순간의 신비와 고통은 도저히 헤아릴 수가 없다. 그러나 아브라함은 하나님을 신뢰했다. 두려움과 슬픔, 믿음과 혼란을 함께 느끼면서도 아브라함은 순종했다.

바로 그때 일이 일어났다. 적시에 때를 맞추어, 모든 것을 잃은 것처럼 보이던 그때, 하나님이 개입하셨다. 하나님은 아브라함을 제지하시며 덤불에 걸린 숫양, 대신 드릴 제물을 주목하게 하셨다.

이 경험을 통해 아브라함은 하나님이 자기 백성에게 그저 행동을 요구하고 사라져 버리는 분이 아니시라는 사실을 깨달았다. 오히려 하나님은 적시에 나타나 우리에게 필요한 것을 정확히 공급하신다. 하나님은 자신이 요구하시는 바로 그것을 공급하신다. 이에 아브라함은 달콤한 안도감에 크게 기뻐하며, 기적이 일어난 장소에 "여호와가 준비하시리라."라는 이름을 붙였다(동사 '준비하다'는 또한 '본다'라는 개념을 담고 있다는 점을 주목해야 한다. 하나님은 우리가 필요한 것이 무엇인지 보시고, 그 필요를 채우신다).

오늘날 하나님이 당신에게 요구하시는 '불가능한' 일은 무엇인가? 하나님이 당신에게 명하시는 삶을 살기 위해 필요한 것은 무엇인가? 이 목록을 작성할 때, 맨 위에 이렇게 적으면 좋다. "여호와 이레, 여호와가 준비하시리라." 그런 다음 맨 아래에는 이 위대한 약속을 적으라. "자기 아들을 아끼지 아니하시고 우리 모든 사람을 위하여 내주신 이가 어찌 그 아들과 함께 모든 것을 우리에게 주시지 아니하겠느냐"(롬 8:32).

하나님은 우리에게 필요한 것을 보시고 아낌없이 채워 주신다.

지난 한 달 간 하나님은 구체적으로 어떻게 당신의 필요를 공급하셨는가?

고백의 기도 | 여호와 이레, 나의 공급자이신 하나님, 제가 주님의 방법을 알지 못할지라도, 저의 필요를 채워 주신다는 약속에 감사를 드립니다. 저의 가장 깊은 필요를 채우시는 주님을 신뢰하게 도와주옵소서. 아멘.

더 깊은 묵상 | 시 23; 빌 4:19

22

엘로아흐 셀리호트

기꺼이 용서하시는 하나님

"[우리 조상들이] 거역하며 주께서 그들 가운데에서 행하신 기사를 기억하지 아니하고 목을 굳게 하며 패역하여 스스로 한 우두머리를 세우고 종 되었던 땅으로 돌아가고자 하였나이다 그러나 주께서는 용서하시는 하나님이시라 은혜로우시며 긍휼히 여기시며 더디 노하시며 인자가 풍부하시므로 그들을 버리지 아니하셨나이다"(느 9:17).

도움이 필요하다는 사실을 깨닫는 것만큼 도움받을 수 있는 곳을 아는 것은 중요하다. 훌륭한 의사나 뛰어난 변호사, 유능한 회계사, 믿을 만하고 공정한 수리공을 소개받으면 얼마나 기쁜가? 우리는 어디에서 도움을 구하며 찾아야 하는지에 대한 조언이 필요하다.

우리는 영적인 의미에서 죄를 근절할 수 있는 숙련된 수리공이 필요하다. 이스라엘 백성은 이 사실을 알고 하나님을 의지하며 죄 사함을 구했다. 이 백성이 하나님을 의지하는 것을 마음의 중심에 두기 위해 쓴 방법은 엄숙하게 절기를 지키는 것이었다.

자기 죄를 고백하고, 정결함을 구하는 엄숙한 절기에, 이스라엘 종교 지도자들은 서서 노래하며 모든 시선이 "용서하시는 하나님", **엘로아흐 셀리호트**에게 향하게 했다. 느헤미야 9장의 노래는 그런 백성을 향한 하나님의 신실하심을 자세히 묘사한다. 이 얼마나 놀라운가! 이스라엘 백성은 완고하고, 마음이 강퍅하며, 잘 잊어버리고, 오랫동안 반역을 일삼았다. 한때는 노예와 포로의 삶으로 되돌아가려고도 했다. 하나님이 무례하고 감사할 줄 모르는 이들을 벌하셔도 분명 정당했을 것이다.

그러나 하나님의 성품을 주목하라. 그분의 행동에 주의를 기울이라. 하나님은 진노가 아니라 은혜가 충만하시다. 하나님은 긍휼이 흘러넘치시며, 자기가 택한 자를 사랑의 바다에 잠기게 하신다. 왜 그렇게 하실까? **엘로아흐 셀리호트**, 용서하시는 하나님이시기 때문이다.

어쩌면 오늘 당신의 삶은 죄와 부끄러움에 물들어 있을 수도 있다. 후회에 사로잡혀 있을 수도 있다. 그래서 하나님을 바라볼 때, 그분의 거룩하심과 공의로우심에 두려울 수도 있다. 어쩌면 마땅히 받을 벌을 마음속 깊이 두려워하며 초조하게 판결을 기다리고 있을지도 모른다.

그런데 좋은 소식이 있다! 하나님은 **엘로아흐 셀리호트**이시다. "우리의 죄를 따라 우리를 처벌하지는 아니"하신다(시 103:10). 하나님은 용서하신다. 하나님은 우리가 그리스도 안에서 완전히 그리고 최종적으로 죄 사함을 받도록 길을 마련해 주셨다.

당신의 마음속에서 커다란 죄를 발견하거든, 눈을 들어 하나님을 바라보라. 당신의 모든 죄보다 하나님의 은혜가 훨씬 크다.

하나님이 우리를 용서하기 원하신다는 것을 믿기 어려운 이유는 무엇인가? 죄책감과 수치심은 어떻게 하나님의 자비를 보지 못하게 하는가?

고백의 기도 | 기꺼이 용서하시는 하나님, 제가 죄 때문에 주님을 피해 숨으려 할 때, 주님이 노하기를 더디 하시고 긍휼이 풍성하시며 완전히 용서하신다는 것을 기억하게 해 주옵소서. 아멘.

더 깊은 묵상 | 시 130:4; 단 9:9

23

여호와 고엘

구속자이신 하나님

"내가 너를 억압하는 자들에게 자기의 살을 먹게 하며
새 술에 취함 같이 자기의 피에 취하게 하리니
모든 육체가 나 여호와는 네 구원자요 네 구속자요
야곱의 전능자인 줄 알리라"(사 49:26).

교회는 변화된 삶에 대한 간증으로 가득하다. 알코올 중독 노숙자가 예수님을 만나 술을 끊고, 노숙자 쉼터를 연다. 마약 중독자가 예수님을 만나 깨끗해지고, 위험에 처한 청소년들의 멘토가 된다. 평생 범죄를 저지르던 사람이 복음을 듣고, 아프리카 선교지에 가서 섬긴다. 우리 모두에게 이런 극적인 이야기가 있지는 않지만, 예수님의 제자라면, 우리는 모두 일어서서 "나는 구속받았습니다!"라고 주장할 수 있다(그리고 시편 107편 2절에 따르면, 그래야만 한다).

히브리어에서 '**구속하다**'라는 동사는 무언가를(또는 누군가를) 사들이거나 되사는 것을 의미한다. 옛날에는 히브리 사람이 노예가 되면 가까운 친척이 '구속자' 역할을 맡아 친척의 자유를 사는 데 필요한 값을 치르는 것이 관례였다.

성경은 우리 하나님이 우리를 위해 그 일을 하신다고 말한다. **구속자**는 하나님의 이름 가운데 하나다. 하나님은 하나님께 영화를 돌리도록 우리를 창조하셨다. 그러나 죄 때문에 우리는 종이 되었다(롬 6:20). 예수님이 아니었다면, 우리는 그 절망적인 상태에 머물러 있었을 것이다.

그런데 예수님이 십자가에서 우리를 사셔서 노예 상태에서 벗어나게 하시고 자유를 얻게 하셨다. 예수님이 우리를 **구속하셨다**.

하나님은 우리를 구속하신다. 하나님이 구속자이시기 때문이다. 히브리 민족을 애굽의 노예 상태에서 구속하셨듯이, 하나님은 우리를 죄에서, 벌에 대한 두려움에서, 죽음의 형벌에서, 우리의 어리석은 욕망에서 구원하신다.

만약 우리가 노예 상태에서 사들여졌다는 진리를 마음에 새기면 어떤 일이 일어날까? 틀림없이 우리는 거룩한 흥분과 전염성 있는 열정을 품고 살게 될 것이다. 힘들거나 지치거나 스트레스를 받는다고 느낀다면, 하나님이 당신의 구속자이시라는 사실을 기억하며 마음을 새롭게 하라. 만약 당신이 믿음으로 그리스도를 알고 있다면, 당신은 사들여졌으며 예수님이 그 값을 치르셨다.

당신은 구속받았고 자유를 얻었다. 그 자유 가운데 살기를 선택하라. 그리고 당신이 구속받은 그 좋은 소식을 나누라. 시편 107편 2절 말씀에 귀를 기울이라. "여호와에게 구속받은 자들은 자기들의 이야기를 알리어라"(NIV).

당신이 본 가장 강력한 구속의 사례는 무엇인가?

고백의 기도 | 하나님, 죄의 권세와 형벌에서 저를 되사셨음을 감사드립니다. 제가 이 진리를 잊지 않게 하옵소서. 구속받은 사람답게 주님의 영광을 위해 살 능력을 제게 주옵소서. 아멘.

더 깊은 묵상 | 욥 19:25; 시 49:15

24

여호와 카다쉬

거룩하게 하시는 여호와

"여호와께서 모세에게 말씀하여 이르시되 너는 이스라엘 자손에게 말하여 이르기를
너희는 나의 안식일을 지키라 이는 나와 너희 사이에 너희 대대의 표징이니
나는 너희를 거룩하게 하는 여호와인 줄 너희가 알게 함이라"(출 31:12-13).

공의롭고 거룩하신 하나님이 왜 어리석은 결정으로 가혹한 결과를 거두는 것일 뿐인 사람들의 불행에 마음을 쓰실까? 완전하신 하나님이 왜 전혀 신뢰할 수 없는 불완전한 사람들의 기도에 관심을 기울이셔야 할까? 죄가 없으신 하나님이 왜 하나님의 길보다 자기들의 길을 반복해서 선택하는 사람들에게 은혜를 베푸시고 여러 차례 기회를 주실까?

그 이유는 하나님이 **여호와 카다쉬**이시기 때문이다. 이 말은 "거룩하게 하는 여호와"를 뜻한다. 이것은 하나님에 대해 가장 주목할 점이다. 어떤 사람들은 그분이 하나님이시므로 가만히 앉아 하나님으로서의 영광과 존귀를 누리시는 것으로 만족하신다고 생각할 수 있다. 그러나 그와 반대로 하나님은 자애롭고 너그러우시다. 하나님은 망가진 우리에게 관심을 기울이신다.

이것은 삶의 위대한 신비다. 죄 많은 사람들은 두 번째 기회는 고사하고 다시 눈길을 받을 자격도 없지만, 하나님은 인류를 단념하지 않으셨다. 오히려 우리의 첫 조상이 죄를 범하기도 전에 세우신 '거룩함의 계획'을 실행하셨다. 이 계획은 우리를 하나님과 올바른 관계에 있게 할

뿐만 아니라 우리를 하나님의 아들 예수님처럼 거룩하게 만드는 상상할 수 없는 계획이다. 모든 신자에 대한 하나님의 열망은 신자들 안에 "그리스도의 형상"을 이루는 것이다(갈 4:19).

우리가 그리스도를 불완전하게 따르는데 어떻게 이 일이 가능할까? 우리는 넘어진다. 실패한다. 도마처럼, 하나님이 해내실지 의심한다. 베드로처럼, 겁이 나면 주님을 부인한다. 다윗처럼, 하나님의 마음보다 우리 자신의 쾌락을 추구한다. 그렇지만 하나님은 계속, 끊임없이, 고집스럽게 우리를 사랑하시고 변화시키신다. 하나님은 우리가 그리스도의 형상을 닮아 가는 것을 보는 일에 헌신하신다.

거룩하게 하시는 하나님은 무엇을 약속하시는가? "너희 안에서 착한 일을 시작하신 이가 그리스도 예수의 날까지 이루실 줄을 우리는 확신하노라"(빌 1:6).

하나님은 왜 당신을 사랑하시는가? 왜 당신의 믿음이 계속 자라기를 기대하시는가? 왜 마음을 쓰시는가? 하나님이 당신을 너무나 사랑하셔서 그대로 내버려 둘 수 없으시기 때문이다.

영적 성장이 당신의 삶에 일으킨 변화를 설명해 보라.

고백의 기도 | 거룩하게 하시는 하나님, 죄악된 저는 결코 거룩하게 되기를 선택하지 않았을 것입니다. 너무나 어려운 길이기 때문입니다. 하지만 주님이 죄의 형벌에서 저를 구원하셨고, 또한 죄의 권세에서도 구원하십니다. 언젠가는 죄의 모든 실재에서도 저를 구원하실 것입니다. 할렐루야! 아멘.

더 깊은 묵상 | 레 20:8; 요 17:17; 히 13:12; 벧전 2:9

엘 라함

자비로우신 하나님

"여호와께서 그의 앞으로 지나시며 선포하시되
여호와라 여호와라 자비롭고 은혜롭고 노하기를 더디하고
인자와 진실이 많은 하나님이라"(출 34:6).

구약은 모두 히브리어로 기록되었다(에스라서와 예레미야서, 다니엘서의 일부 아람어로 기록된 장을 빼고). 히브리어는 종종 번역 성경이 전달할 수 없는 뉘앙스를 지닌 어휘가 풍성한 아름다운 언어다.

예를 들어 히브리어 단어 **라함**은 일반적으로 '긍휼히 여기는' 혹은 '자비로운'으로 번역된다. 이 번역도 정확하지만, **라함**의 어근은 '자궁'으로도 번역된다. 라함의 의미에 이 어원을 더하면, 출산을 앞둔 엄마가 자기 안에 자라는 새 생명에게 품는 애정과 보살핌이 그려진다. 이것이 성경이 말하는 **자비**(긍휼)의 의미이며, 이런 통찰은 우리가 자비로우신 하나님을 온전히 이해하게 해 준다.

하나님은 우리를 돌보시는 다정하신 하나님이시다. 하나님은 우리를 기억하신다. 우리에게 공감하시는 하나님은 온화하시다. 그분이 사랑하는 사람들이 아파하면 하나님도 아파하신다. 그러나 하나님의 자비는 단지 관심을 기울이는 데 그치지 않는다. 하나님은 곤경에 처한 사람들을 그저 안타까워하기만 하지 않는다. 하나님은 보호하신다. 자기 백성을 지키기 위해 행동하신다.

하나님의 자비는 두 가지 방식으로 우리 삶에 영향을 미칠 수 있다. 하나님의 자비는 우리에게 하나님의 약속을 확신하게 해 주며, 다른 사람들을 긍휼히 여기는 마음을 품게 한다. 그래서 예수님은 제자들에게 다른 사람들을 사랑하라고 말씀하실 때, 하나님이 그들에게 자비를 베푸셨듯이 다른 사람들에게 자비를 베풀라고 말씀하셨다. 하나님의 능력은 그분의 의지를 통제하고 발휘하시는 능력에서만 나타나는 것이 아니다. 종종 하나님의 능력은 긍휼과 자비와 사랑의 행위를 통해 가장 분명하게 드러난다.

복음은 우리에게 무엇을 말하는가? 외로워하는 사람이 있으면, 그 사람과 함께 있으라. 목마른 사람이 있으면, 마실 물을 주라. 추위에 떠는 사람이 있으면, 덮을 것을 주라. 거처가 없는 사람이 있으면, 당신의 집에 데려오라. 예수님에 대해 알지 못하는 사람이 있으면, 좋은 소식을 알려 주라. 그 사람에게 자비로우신 하나님에 대해 말해 주라.

우리가 먼저 하나님의 자비를 입을 때, 우리는 자비를 가장 잘 베풀 수 있다.

당신은 어떤 방식으로 하나님의 자비를 경험했는가? 어떻게 그 자비를 다른 사람들에게 베풀 수 있겠는가?

고백의 기도 | 자비로우신 아버지, 주님의 자비로 제 마음을 녹여 주시고 자비가 넘쳐나게 하옵소서. 그리하여 제가 만나는 모든 사람에게 친절과 배려와 관심을 베풀 수 있게 하옵소서. 아멘.

더 깊은 묵상 | 시 86:15; 벧전 1:3

26

엘 하네에만

신실하신 하나님

"그런즉 너는 알라 오직 네 하나님 여호와는 하나님이시요 신실하신 하나님이시라 그를 사랑하고 그의 계명을 지키는 자에게는 천 대까지 그의 언약을 이행하시며 인애를 베푸시되"(신 7:9).

신실함이라는 미덕은 도도새의 길을 따라 완전히 멸종한 것일까? 더 이상 누구를 또는 무엇을 믿을 수 있을까? 가전제품은 예전만큼 믿을 수 없다. 프로 선수는 팀에 충성하지 않는다. 팀 소유주는 소속 도시에 충성하지 않는다! 우리는 변덕스러운 고객과 직장을 자주 옮기는 사람, 배우자를 바꾸는 사람이 가득한 문화 속에 살고 있다. 신뢰와 충성심은 어디로 갔을까?

40년 간 이스라엘 민족을 이끈 모세는, 그들에게 마지막으로 말을 전하며 하나님을 "신실하신 하나님"이라고 불렀다(신 7:9). 이 이름은 **엘**(하나님을 가리키는 일반적인 이름)과 **아만**('지지하다, 받치다, 유지하다'를 뜻하는 동사)을 합친 매력적인 이름으로, 하나님이 의지할 만하고 확실하며 한결같고 신뢰할 만한 분이시라는 뜻이다. 모세는 하나님의 백성이 그분을 믿고, 의지하며, 신뢰할 수 있다는 것을 하나님의 백성이 이해하기를 원했다. 한마디로, 하나님이 말씀하시면 우리는 그것을 믿을 수 있다.

모세는 이 하나님의 이름을 사용해서 하나님이 이스라엘을 가나안으로 인도하시고 형통하게 하실 것을 이스라엘 백성에게 확신시켰다. 또 하나님의 약속을 기억하라고 촉구하고, 과거에 이스라엘에게 보여 주신 하나님의 절대적인 신실하심을 이야기했다. 이처럼 모세는 본질적으로 "하나님이 이루신 일을 기억하라!"라고 말했다.

그런데 하나님은 그런 복을 **받을 자격이 있는** 사람에게만 신실하지 않으실까? 틀렸다! 모세는 이렇게 말했다. "여호와께서 너희를 기뻐하시고 너희를 택하심은 … 다만 너희를 사랑하심으로 말미암아"라고 말한다(신 7:7-8). 그러면 하나님의 백성이 신실하지 않을 때는 어떻게 되는가? 사도 바울은 우리를 이렇게 안심시킨다. "우리는 미쁨이 없을지라도 주는 항상 미쁘시니 자기를 부인하실 수 없으시리라"(딤후 2:13).

하나님의 신실하심은 하나님이 변하지 않으신다는 뜻이다. 하나님은 언제나 그분의 말씀에 진신하시며, 그분의 백성에게 충실하시다. 심지어 우리가 이해하지 못할 때도, 우리가 자격이 없을 때도 그러하시다.

하나님이 "신실하신 하나님"(엘 하네에만)이시기에, 우리는 하나님을 믿을 수 있다. 하나님은 우리를 돌보시고, 받쳐 주시며, 지지해 주신다. 하나님은 언제나 신뢰할 수 있다. 언제라도 말이다.

믿음의 결핍이나 연약함에도 불구하고, 하나님은 어떻게 신실하심을 보여 주셨는가?

고백의 기도 | 신실하신 주님, 문제는 주님이 신뢰할 수 없는 것이 아니라 제가 주님을 신뢰하지 않는 것입니다! 주님은 말씀하시는 모든 일을 행하실 것임을 믿게 해 주옵소서. 아멘.

더 깊은 묵상 | 시 145:17-18; 고전 1:9

27

여호와 하눈

은혜의 하나님

"여호와는 은혜로우시며 의로우시며 우리 하나님은 긍휼이 많으시도다"(시 116:5).

하나님은 은혜의 하나님(문자적으로는 '과분한 호의'를 베푸시는 하나님)으로 알려져 있으시다. 이런 과분한 복은 개인의 삶에서 어떤 모습일까?

형제들이 요셉을 학대하고 노예로 팔아 버린 다음 요셉이 그들을 구원하게 하셨을 때, 하나님은 요셉의 형제들에게 은혜를 베푸셨다(창 50:19-21). 이스라엘 백성이 하나님에게 불순종하고 하나님을 실망시킨 다음 하나님이 십계명을 새긴 두 번째 돌판을 그들에게 주셨을 때, 하나님은 그들에게 은혜를 부어 주셨다(출 32, 34). 다윗왕이 교만하게 간음과 살인을 저지른 다음 용서를 받았을 때, 하나님의 은혜가 다윗에게 임했다(삼하 12:13).

하나님은 선지자 엘리야가 하나님을 의심한 다음에도 그에게 힘을 주시고 그를 새롭게 하시는 형태로 은혜를 나타내셨다(왕상 19). 하나님은 유다의 가증스러운 왕 므낫세의 필사적인 기도에 감동하셔서 은혜롭게도 므낫세의 왕권을 회복시켜 주셨다(대하 33). 베드로가 예수님을 부인한 후 두 번째 기회를 얻었을 때, 하나님은 베드로에게 아낌없이 은혜를 베푸셨다(요 21). 하나님은 교회를 말살하는 데 전념했던 광신도 사울을 급습하셔서 세상을 품는 큰마음을 가진 선교사 바울로 변화시키셨다. 그리고 땅끝까지 지역 교회가 세워지기를 열망하게 하는 헤아릴 수 없는 은혜를 베푸셨다(행 9).

바울은 하나님의 은혜를 절대로 잊어버리지 않았다. 실제로 바울은 하나님이 죄인 중의 "괴수"인 자신을 용서하시고 사용하신다는 데 압도되어, 열세 통의 신약 서신 가운데 열 통을 "하나님께로부터 … 은혜가 너희에게 있을지어다."라는 말로 시작했다. 하나님은 본질적으로 은혜로우시므로(그리고 절대로 변하지 않으시므로), 하나님은 우리에게도 은혜로우시다. 하나님은 우리의 죄를 따라 우리를 처벌하지 않으신다. "여호와께서 기다리시나니 이는 너희에게 은혜를 베풀려 하심이요 일어나시리니 이는 너희를 긍휼히 여기려 하심이라"(사 30:18).

큰 죄를 지었거나 하나님의 복에 대해 합당한 감사를 드리지 못했다는 생각이 드는가? 물론 그 생각은 맞다. 좋은 소식은 하나님이 용서하시고, 인내하시며, 자비로운 분이시라는 것이다.

은혜는 하나님의 본성일 뿐만 아니라 그분의 이름이기도 하다.

하나님은 어떻게 당신의 삶에서 마땅히 받아야 할 것 이상의 은혜를 베푸셨는가?

고백의 기도 | 은혜의 주님, 저는 죄 때문에 주님에게서 분리되어야 마땅합니다. 그런데도 주님은 제가 은혜로 용서받고 주님의 자녀가 될 수 있도록 길을 마련해 주셨습니다. 겸손히 감사를 드립니다. 아멘.

더 깊은 묵상 | 출 34:5-6; 시 86:15

28

엘 나사

용서하시는 하나님

"여호와 우리 하나님이여 주께서는 그들에게 응답하셨고
그들의 행한 대로 갚기는 하셨으나 그들을 용서하신 하나님이시니이다"(시 99:8).

죄를 지은 죄인에게 가장 필요한 것은 이해나 동정이 아니라 용서다. 감사하게도 우리 하나님은 **엘 나사**, 즉 "용서하시는 하나님"이시다.

우리는 창세기 3장 15절에서 용서하시는 하나님의 본성에 대한 암시를 처음으로 볼 수 있다. 아담과 하와의 충격적인 반역 직후에 하나님은 그들과 세상을 죄에서 구속하시려는 미래 계획을 넌지시 밝히신다. 또 다른 언급은 출애굽기 34장 7절에서 볼 수 있다. 이스라엘이 하나님을 가장 가증스럽게 거부한 후, 겨우 두 장 뒤에서 전능하신 하나님은 그들의 악과 반역과 죄를 용서하신다고 모세에게 확언하신다.

하나님은 우리의 범죄를 용서하는 놀라운 일을 어떻게 이루셨을까? 사도 바울은 그리스도가 우리의 모든 죄를 지고 십자가에서 죽으심으로 그 일이 이루어졌다고 말한다(골 2:13). 우리는 "동이 서에서 먼 것 같이"(시 103:12) 우리 죄를 우리에게서 멀리 옮기신 하나님을 섬긴다.

하나님의 용서는 단번에 이루어졌을 뿐 아니라 계속 진행 중이다. 이 용서는 과거와 현재와 미래의 일이다. 그리스도 안에서 하나님은 우리를 용서하셨으며, 계속 용서하신다. 놀랍게도 하나님은 우리에게 완벽함을 요구하지 않으신다. 사실 우리가 저지르는 잘못은 하나님의 사랑에 영향을 미치지 않는다. 놀라운 사실이다. 우리가 아무리 자주 자기 길로 빠지더라도 하나님은 계속해서 용서를 베푸신다.

우리는 우리에게 죄를 지은 다른 사람을 어떻게 용서하는가? 사도 베드로가 예수님에게 이렇게 물은 적이 있다. "주여 형제가 내게 죄를 범하면 몇 번이나 용서하여 주리이까?" 그러자 예수님은 "일곱 번을 일흔 번까지라도 할지니라" 곧 '필요한 만큼'을 뜻하는 유대인의 관용구로 대답하셨다(마 18:21-22).

하나님이 우리에게 베푸신 자비를 기억하면, 다른 사람에게 용서를 베푸는 일이 더 수월해진다. 하나님이 우리의 잘못을 용서하신다면, 우리도 마찬가지로 다른 사람의 잘못을 용서할 수 있지 않겠는가?

많이 용서받았다면, 많이 사랑해야 한다.

우리가 하나님의 용서하시는 본성을 당연하게 여기지 않으려면 어떻게 해야 할까?

고백의 기도 | 아버지, 용서하시는 하나님이신 주님께 감사드립니다. 제가 하나님의 용서를 당연시하지 않게 하시고, 다른 사람을 용서해야 할 때 자비를 베풀지 않는 일이 없도록 도와주옵소서. 아멘.

더 깊은 묵상 | 시 78:38; 눅 7:36-48

사르 샬롬

평강의 왕

"그의 이름은 기묘자라, 모사라, 전능하신 하나님이라, 영존하시는 아버지라, 평강의 왕이라 할 것임이라"(사 9:6).

평화, 이보다 더 **평화로운** 말이 있을까? 평화는 고요함, 평온함, 갈등의 부재, 전쟁의 종식, 두려움이나 적대감이 없는 것, 불안이나 혼란이 없는 상태를 의미한다. 그런데 성경이 말하는 평화는 그런 모든 것보다 훨씬 좋다. **샬롬**은 단지 사람들 사이의 갈등과 같이 나쁜 것이 **부재**하는 것이 아니라 충만함과 기쁨과 같이 좋은 것이 풍성히 **존재**하는 것이다. 간단히 말해 **샬롬**은 "본래 의도되었던 대로의 삶"이다.

이사야는 하나님을 **사르 샬롬**으로 소개하며(사 9:6), 하나님이 평화이시며 또한 평화를 주시는 분이심을 알려 준다. 진정한 삶, 풍성한 삶, 충만한 삶, 즉 우리가 원하는 삶은 **오직** 하나님 안에서만 찾을 수 있다. 왜냐하면 예수님이 십자가에서 죄인과 하나님 사이에 평화를 이루셨기 때문이다. 죽음을 이기신 예수님은 이제 수많은 심령 속에 거하시며 우리를 다스리시고, 우리가 하나님**의** 평화를 누리게 하신다. 예수님은 우리에게 궁극적인 평화를 주신다.

우리가 일시적으로 경험하는 평화는 마침내 하늘에서 누리게 될 궁극적이고 영원한 평화를 살짝 맛보게 한다.

우리가 평화를 추구할 수 있지만, 진정한 평화는 오직 하나님만 주실 수 있는 선물이다.

당신은 언제 진정한 평화를 경험했는가?

고백의 기도 | 평강의 왕이신 주님, 진정한 샬롬을 알기 원합니다. 진정한 샬롬을 다른 사람들에게 보여 주기를 원합니다. 저를 주님의 평화의 도구가 되게 하소서. 아멘.

더 깊은 묵상 | 민 6:22-27; 사 9:6

30

엘 여수룬

여수룬의 하나님

"여수룬이여 하나님 같은 이가 없도다
그가 너를 도우시려고 하늘을 타고 궁창에서 위엄을 나타내시는도다"(신 33:26).

자녀가 있다면, 당신이 아이들을 부르는 사랑스러운 별명을 생각해 보라. 아니면 부모님이 당신을 부르던 애칭을 생각해 보라. 그리고 그 호칭에 담긴 사랑의 깊이를 곰곰이 생각해 보라. 우리만 애정 어린 별명을 사용하는 것이 아니다. 하나님도 그런 별명을 사용하신다. 여기 신명기에서, 하나님은 그분의 백성을 **여수룬**이라고 부르시는데, '사랑하는', '의로운 백성'이라는 뜻이다. 구약의 초기 헬라어 번역본들은 여수룬을 '사랑하는'이라는 뜻의 **에가페메노스**로 번역했다.

신명기 32장 15절은 이렇게 말한다. "그런데 여수룬이 기름지매 발로 찼도다 네가 살찌고 비대하고 윤택하매 자기를 지으신 하나님을 버리고 자신을 구원하신 반석을 업신여겼다." 하나님의 피조물이, 즉 하나님의 언약 백성이자 영적 자녀들이 하나님을 거부했다!

하나님은 그 말이 의미하는 그대로 그분의 백성을 **여수룬**이라고 부르셨을 것이다. 아버지가 자녀를 사랑하듯이 하나님은 진정으로 이스라엘을 사랑하신다. 또한 하나님은 우리를 진정으로 사랑하신다. 우리가 하나님에게서 등을 돌리면, 하나님의 마음은 찢어진다.

만약 하나님에게 당신을 부르는 애칭이 있다고 생각하면 어떤 느낌이 드는가?

고백의 기도 | 하나님, 저를 향한 주님의 사랑, 이해를 초월한 사랑을 알게 해 주옵소서. 제가 주님에게 같은 사랑을 드릴 수 있게 해 주옵소서. 아멘.

더 깊은 묵상 | 사 44:2; 마 17:5

4부

우리의 인도자 하나님

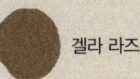 겔라 라즈

 임마누엘

 여호와 로이

 네르

 엘 데아

하나님은
우리의 걸음을 인도하신다.

데오스 모노스 소포스

 오르 이스라엘

여호와 닛시

 요쩨레누

 데오스 파스 파라클레시스

31

오르 이스라엘

이스라엘의 빛

"이스라엘의 빛은 불이 되고 그의 거룩하신 이는 불꽃이 되실 것이니라 하루 사이에 그의 가시와 찔레가 소멸되며"(사 10:17).

지하실이나 어두운 벽장을 청소할 때 가장 필요한 것은 빛이다. 전구와 전기, 손전등이 정말 감사하지 않은가? 전기가 나가면, 양초와 성냥이 감사하지 않은가? 캠핑할 때는 곰과 해충을 쫓아 주는 모닥불이 고맙지 않은가?

빛은 밝게 한다. 어둠을 몰아낸다. 고쳐야 할 것을 보여 준다. 우리에게 길을 알려 준다. 어둠 속에서는 종종 나쁜 일이 일어나므로, 빛은 우리의 안전을 강화하고 우리에게 위로를 준다.

여기에 좋은 소식이 있다. 하나님은 자신이 "이스라엘의 빛"이라고 말씀하신다. 이 이름은 하나님이 빛나는 분이심을 뜻한다. 하나님은 영광스러우시다. 밝게 타오르신다. 작열하는 불처럼 하나님은 가까이 있는 모든 사람에게 따스함을 주신다. 순수한 빛이신 하나님은 어둠을 몰아내시고, 우리에게 집으로 가는 길을 보여 주신다. 하나님의 빛은 우리를 안전하게 지켜 주고, 위안과 기쁨을 준다.

그러나 우리는 또한 하나님의 빛이 하나님의 거룩하심과 직결된다는 점도 기억해야 한다. 아주 밝은 빛은 완전한 어둠과 공존할 수 없으며,

마찬가지로 하나님도 죄를 용납하실 수 없다. 하나님은 의로우시며 순수하시다. 언제나 선하시다. 하나님은 희미한 손전등이 아니시다. 타오르는 태양이시다! 하나님의 거룩한 빛은 레이저처럼 죄를 태워 버린다. 따라서 우리 각 사람은 하나님의 빛에 복종할 것인지, 아니면 계속 어둠 가운데서 살 것인지 선택해야 한다.

예수님은 하나님으로부터 이 땅에 오셨을 때 이런 말씀을 하셨다. "나는 세상의 빛이니, 나를 따르는 자는 어둠에 다니지 아니하고, 생명의 빛을 얻으리라"(요 8:12). 얼마나 놀라운 약속인가! 우리가 예수님을 모시면, 두 가지 일이 일어난다. 첫째로 우리는 빛을 **소유한다**. 예수님이 바로 하나님의 빛이시기 때문이다. 그 결과 우리는 다윗처럼 말할 수 있게 된다. "여호와는 나의 빛이요 나의 구원이시니 내가 누구를 두려워하리요"(시 27:1). 둘째로 우리는 빛이 **된다**. 예수님이 제자들에게 하신 말씀을 기억하라. "**너희는** 세상의 빛이라"(마 5:14, 강조는 저자 추가).

이스라엘의 빛은 오늘 당신의 빛이신가? 그분이 당신을 비추시고 정화하시게 하라. 그분이 당신 안에서, 당신을 통해서 빛나시게 하라.

당신은 하나님을 희미한 손전등과 변함없는 등대, 소멸하는 불 가운데 무엇으로 여기는가? 왜 그렇게 생각하는가?

고백의 기도 | 하나님, 주님이 제 길에 빛이시며 저를 정결하게 하시는 분이심을 앞으로 위로를 얻게 하옵소서. 죄를 버리고 주님과 동행하게 하옵소서. 그래서 주님의 임재의 따스함과 빛을 경험하게 하옵소서. 아멘.

더 깊은 묵상 | 시 27:1-3; 요 1:9

32

임마누엘

하나님이 우리와 함께 계시다

"그러므로 주께서 친히 징조를 너희에게 주실 것이라
보라 처녀가 잉태하여 아들을 낳을 것이요 그의 이름을 임마누엘이라 하리라"(사 7:14).

이사야 7장 14절은 성탄절에 많이 인용되지만, 사실 일 년 내내 우리에게 힘을 주는 말씀이다. **임마누엘**, "하나님이 우리와 함께 계시다"(마 1:23). 얼마나 놀랍고 경이로운가! 히브리 사람들은 하나님을 높은 하늘 보좌에 앉아 계시는 분, 혹은 예루살렘 성전 지성소에 외따로 계시는 분이라고 생각했다. 그들은 하나님은 자기 백성과 '멀리' 계시는 분이라 여겼다. 안타깝게도 많은 사람이 여전히 그렇게 생각한다.

에덴동산에서 아담, 하와와 함께 걷고 대화하시던 하나님을 잊은 것은 참 비극적인 일이다(창 3:8-9). 은혜의 하나님은 타락 후에도 계속 다가오셔서 아브라함과 모세, 엘리야, 다른 여러 사람과 '함께' 계셨다. 하나님은 거룩하심에도, 죄악된 피조물에게 가까이 오셔서 만나 주셨다.

"하나님이 우리와 함께 계시다."라는 예언은 그리스도가 오시고 성취되었다. 예수님은 성령으로 잉태되어 동정녀 마리아에게서 나심으로, 완전한 하나님이자 완전한 사람이 되셨다. 사도 요한은 이 중대한 성육신 사건을 이렇게 묘사했다. "말씀이 육신이 되어 우리 가운데 거하시매"(요 1:14). 문자 그대로 말하면, 영원하신 하나님의 아들이 인류 가운데 "자기 장막을 치셨다."라는 뜻이다. 예수님은 우리 가운데 사셨기 때문에 사람이 어떤 존재인지 아는 대제사장이 되실 수 있었다(히 4:15). 예수님은 십자가를 통해 언제 어디서나 하나님께 자유롭게 나아갈 수 있는 길을 우리에게 열어 주셨다. 언젠가 우리는 다시 하나님과 함께 걸으며 하나님의 얼굴을 보게 될 것이다(계 22:4).

임마누엘은 단순한 성탄절 용어가 아니다. 하나님이 그리스도 안에서 우리에게 가까이 오셨으며, 우리를 하나님에게 되돌리는 데 필요한 모든 일을 행하셨음을 의미한다. 하나님은 그리스도 안에서, 우리와 **함께**하시고 우리를 **위해** 죽으심으로 성령님을 통해 우리 **안에** 사시기 위해, 우리에게 **가까이** 오셨다. **임마누엘**의 약속은 오늘날에도 경이롭다.

- 하나님은 우리 **안에** 사신다고 약속하신다(고전 6:19-20; 엡 3:17).
- 하나님은 절대로 우리**에게서** 떠나지 않겠다고 약속하신다(히 13:5).

우리가 하나님께 갈 수 없을 때 하나님은 우리에게 가까이 오셨다.

하나님은 당신과 함께, 당신 가까이 계시기를 원하신다. 하나님의 임재를 받아들이는 것이 오늘 당신의 삶에 어떤 변화를 가져올 수 있는가?

고백의 기도 | 우리와 함께 계시는 하나님, 감사합니다. 우리를 **위해** 죽으시고, 우리 **안에** 사시기 위해 우리 **가운데** 오셨음을 감사합니다! 아멘.

더 깊은 묵상 | 사 8:8-10; 마 1:23

33

여호와 로이

여호와는 나의 목자이시다

"여호와는 나의 목자시니 내게 부족함이 없으리로다
그가 나를 푸른 풀밭에 누이시며 쉴 만한 물 가로 인도하시는도다
내 영혼을 소생시키시고 자기 이름을 위하여 의의 길로 인도하시는도다"(시 23:1-3).

한 인기 있는 성격 테스트는 사람을 동물에 비유한다. 이 테스트에 의하면 사람은 사자나 수달, 비버, 골든 리트리버 등의 동물 유형 중 하나에 속한다. 그러나 성경에 따르면 우리가 **가장** 닮은 동물은 양이다.

그런데 이것은 그리 기분 좋은 비유가 아니다. 양은 우둔하기로 악명이 높다. 또 주의 깊게 지켜보지 않으면 치명적인 독초를 먹기도 한다. 아니면 어쩔 줄 몰라 방황하다가 바로 위험에 빠질 수도 있다. 그런 일이 발생하면 문제는 두 배가 된다. 양은 포식자에게서 자신을 보호할 수 없기 때문이다.

하지만 감사하게도, 우리가 양과 같다면 하나님은 목자와 같으시다. 이것이 세상에서 가장 사랑받는 성경 본문인 시편 23편의 위대한 주제다. 한때 목자였던 다윗은 시편에서 하나님이 우리의 모든 필요를 얼마나 신실하게 돌보시는지 보여 준다.

목자의 기본 의미는 먹이고 돌보고 목장으로 인도하는 것이다. 이 모든 일을 하려면 목자는 양 가까이에 있으면서 자기 양의 필요를 개인적으로 친밀하게 알아야 한다. 또한 목자는 양 떼의 보호자이기도 하다.

이런 이유로 목자는 지팡이를 갖고 다닌다. 포식자를 쫓아내 자기 숫양이나 암양이나 어린 양이 하나라도 해를 입지 않게 하기 위해서다.

이런 것이 목자의 역할이라면, 양이 할 일은 무엇일까? 간단하다. 양은 목자를 신뢰해야 한다. 양으로서 우리는 목자가 인도하는 곳으로 따라간다. 목자가 우리에게 하라고 하시는 일을 한다. 우리의 모든 필요를 채우시는 목자를 바라본다.

우리가 자신의 본능을 따라 자기 길을 가는 것은 우리의 목자를 무시하는 것이다. 그분을 신뢰하지 않는 것이다. "푸른 초장"을 어떻게, 어디에서 찾을 수 있는지 우리가 더 잘 안다고 말하는 교만이다. 나아가 목자의 보호하심을 떠나 불필요한 위험에 우리를 노출시키는 것이다. 또한 의도하지 않더라도, 다른 사람을 잘못된 길로 인도할 수 있다.

"하나님이 나의 목자이십니다."라고 말하는 것은 당신을 인도하시고, 삶의 가장 깊은 필요를 채우시는 여호와가 당신에게 필요하다는 사실을 겸손히 받아들이고, 감사하며 부끄러워하지 않고 인정하는 것이다.

지금까지 하나님은 어떤 면에서 당신에게 선한 목자이셨는가?

고백의 기도 | 하나님, 주님은 저의 선한 목자이십니다. 다가오는 일을 주님이 보고 계시며, 어느 것이 가장 좋은 길인지를 주님이 아신다는 사실을 제가 믿게 해 주옵소서. 아멘.

더 깊은 묵상 | 요 10:11-18, 27-28; 히 13:20-21

34

여호와 닛시

나의 깃발이신 여호와

"모세가 제단을 쌓고 그 이름을 여호와 닛시라 하고"(출 17:15).

성경 시대에 깃발은 장대에 부착된 기나 표장으로 권위나 충성이나 국가의 정체성을 나타냈다. 깃발 아래 모인 사람들은 소속이 같은 사람들이었고, 그들은 깃발이 상징하는 정체성과 가치를 공유했다. 어떤 의미에서 그들은 그 깃발에 속해 있었다.

군대에서 깃발은 집결지이자 표어 역할을 한다. 병사들 위에 있는 깃발은 병사들을 표시하고 구분해 주었다. 깃발은 보는 사람들에게 그 군대가 누구를 대표하는지, 무엇을 옹호하는지, 누구를 위해 싸우는지 알려 주는 것이다. 또 깃발은 뜻을 같이하는 모든 전사를 그 깃발 아래 결집시킨다. 그런 다음 그 깃발의 영광과 이상을 추구하기 위해 함께 진군하여 싸우도록 요청한다.

부족과 가족도 깃발이 있다. 2-3백만의 이스라엘 사람들이 애굽에서 나와 광야를 지나 약속의 땅으로 이동했을 때, 그 군중 가운데서도 깃발을 볼 수 있었다. 이런 표식은 다양한 그룹을 구분할 수 있게 해 주었다. 한마디로 깃발은 사람들 사이의 물리적, 감정적, 정신적, 영적 유대를 나타내는 외적이고 가시적인 표지였다.

모세는 여호와가 우리의 깃발이라고 주장하며 이스라엘 백성에게 이렇게 말했다. "여호와가 우리의 정체성이다. 우리는 그분께 속했다. 우리는 그분이 믿는 바를 믿는다. 우리는 그분의 권위 아래에 있다. 그분의 우선순위가 우리의 우선순위다. 우리는 그분을 따른다. 우리는 그분을 위해 싸운다. 그리고 우리는 그분의 깃발 아래 있는 모든 사람을 사랑한다."

마찬가지로 여호와를 우리의 깃발이라고 부를 때, 우리도 여호와께 충성을 맹세한다. 이는 우리가 그분에게만 속했으며, 그분의 목적이 우리의 목적이라고 말하는 것이다. 우리 자신을 아버지 하나님의 소유와 지도 아래에만 두는 것이다. 그렇게 하는 이유는 어떤 사람이 두 개 이상의 깃발 아래 있을 수 없기 때문이다.

우리가 하나님께 충성하든지 충성하지 않든지 둘 중 하나다. 부분적인 충성은 있을 수 없다.

고대의 깃발 관행을 아는 사람이 한 달 동안 당신의 삶을 지켜보았다면, 그들은 당신의 삶 위에 어떤 깃발을 올리겠는가? 그 이유는 무엇인가?

고백의 기도 | 깃발이신 하나님, 주님의 깃발을 제 위에 두시니 감사합니다. 다른 사람이나 다른 것을 따르려는 유혹을 받을 때, 제가 주님께만 속했다는 사실을 기억하게 해 주옵소서. 아멘.

더 깊은 묵상 | 시 60:4; 사 11:10-12

35

엘 데아

지식의 하나님

"심히 교만한 말을 다시 하지 말 것이며 오만한 말을 너희의 입에서 내지 말지어다 여호와는 지식의 하나님이시라 행동을 달아 보시느니라"(삼상 2:3).

우리는 전문가를 좋아한다. 그래서 우리는 그냥 의사가 아니라 내분비 전문의나 피부과 전문의, 발 전문의를 찾아간다.

우리는 삶의 다른 영역에서도 전문가를 찾는다. 막 사들인 낡은 집을 리모델링하기 위해 인테리어 디자이너에게 도움을 요청한다. 영양사에게 레시피를 물어 본다. 운동에 재능이 있는 자녀를 위해 근력 및 컨디셔닝 코치의 서비스를 받는다. 고등학생 자녀가 학업 성취도 평가나 대학 입학시험에서 좋은 성적을 거두게 해 줄 수 있는 과외 교사와 약속을 잡는다.

전문가는 그들이 아는 것에 한해서는 정말 대단하다. 문제는 모든 일에 전문적일 수는 없다는 것이다. 하나님 외에는 아무도 그럴 수 없다.

어떤 전문가의 전문 지식이 삶의 수많은 측면을 다 알 정도로 많다고 상상해 보라. **말 그대로 모든 것**을, 즉 알 수 있는 모든 것을 안다고 상상해 보라. 우리가 섬기는 하나님이 바로 그런 분이시다. 하나님은 원자를 쪼개는 법과 우주를 측량하는 법을 아신다. 완벽한 야구 타법의 역학은 물론이고 어떤 향신료가 어떤 채소의 풍미를 끌어내는지를 아신다. 하나님은 모든 주제와 모든 학문, 모든 분야에 대해 완전한 지식을 갖고 계신다. 게다가 사실에 입각한 단순한 백과사전적 정보 이상을 갖고 계신다. 지식의 하나님은 또한 모든 유동적인 상황을 완전히 알고 계신다. 어떤 순간에도, 당신의 머리털이 몇 개인지 아시며(눅 12:7), 병든 참새가 언제 그리고 어디에서 땅에 떨어지는지 아신다(마 10:29).

이런 "온전한 지식"(욥 36:4)은 하나님의 눈에는 아무것도 감추어져 있지 않다는 것을 뜻한다. 에덴동산에서 아담과 하와가 모든 지식을 얻으리라고 기대했던 나무의 열매를 따 먹은 다음, 하나님은 그들이 행한 모든 일을 인지하셨다. 이는 인간의 지식과 무한히 대비되는 하나님의 완전한 지식을 보여 준다.

하나님의 지식이 완전하고 궁극적이라는 사실을 인정할 때, 우리는 하나님이 우리에게 무엇이 최선인지를 알고 계신다는 사실을 믿을 수 있다.

하나님은 우리의 과거와 미래를 들여다보시고, 우리가 따라가야 할 최선의 길을 알려 주실 수 있다.

당신은 때때로 어떤 면에서 하나님의 지식을 의심하는가?

고백의 기도 | 하나님, 저는 저의 전문성을 너무 쉽게 의존합니다. 제한된 시각으로도 충분하다고 생각할 때가 있습니다. 제가 주님이 주시는 방대한 지식을 구하고 받아들일 수 있게 해 주옵소서. 아멘.

더 깊은 묵상 | 시 73:11; 사 11:9

36

데오스 파스 파라클레시스

모든 위로의 하나님

"찬송하리로다 그는 우리 주 예수 그리스도의 하나님이시요
자비의 아버지시요 모든 위로의 하나님이시며
우리의 모든 환난 중에서 우리를 위로하사 우리로 하여금 하나님께 받는 위로로써
모든 환난 중에 있는 자들을 능히 위로하게 하시는 이시로다"(고후 1:3-4).

맞지 않는 신발과 낡은 매트리스, 고장 난 에어컨, 너무 매운 음식, 예측할 수 없는 상사 등 삶에는 우리를 불편하게 하는 수많은 일이 있다. 하나님이 우리에게 편안함이 깨지는 일을 명령하실 때는 어떤가?

삶의 대부분이 그렇듯이, 위로도 건강한 것과 건강하지 않은 것이 있다. 끊임없이 편안함을 추구하면서 위험은 모두 회피하고 자기에게만 골몰하는 생활 방식을 고수한다면, 위로를 추구하는 것은 건강하지 못한 것이 된다. 고통이나 슬픔이 닥칠 때 유흥이나 쾌락이나 중독에 빠짐으로 고통을 잊어버리려고 한다면, 위로는 건강하지 못한 것이 된다.

세상의 가장 좋은 위로도 완전한 만족을 줄 수 없고 영원히 지속되지 않는다. 예를 들어 컵 홀더가 달린 가죽 리클라이너는 2년 만에 울퉁불퉁해진다(게다가 내장된 마사지 기능도 작동하지 않는다). 가장 좋아하는 운동복은 구멍이 난다. 끝내주는 마카로니와 치즈가 일시적으로 걱정거리를 잊게 해 주지만, 얼마 지나지 않아 운동복은 더 이상 맞지 않게 된다!

때때로 우리는 관계에서 위로를 찾지만, 관계도 영원하지 않다. 대부분 오래가지 않는다. 건강에서 위로를 얻으려고 노력하지만, 건강은 한

순간에 나빠질 수 있다. 돈에서 위로를 찾지만, 죽을 때는 돈을 가져가지 못한다.

그러면 건강한 위로는 어디서 올까? 사도 바울은 우리에게 "모든 위로의 하나님"에게 나아가라고 촉구한다. 이 **위로**라는 말은 예수님이 성령님을 묘사하기 위해 사용하신 것과 같은 단어다. 문자적으로 '곁으로 부르다'를 의미한다. 이 표현은 어려움에 빠졌을 때 함께 있으면서 격려와 위로의 말을 해 주는 사람을 떠올리게 한다.

여기서 바울은 오직 하나님만이 사라지지 않는 참된 위로를 주실 수 있다는 사실을 우리에게 상기시킨다. 그리고 그런 하나님의 위로에 힘입어, 우리는 하나님께 받은 위로로 상처 입은 다른 사람들을 위로하는 불편한 일을 할 수 있다. 참으로 놀라운 하나님이시다! 하나님은 어려움 가운데 있는 우리를 위로하심으로 우리가 다른 사람들을 위로하게 하신다.

오늘 하나님이 당신을 위로하셔서, 주변 사람들의 삶에서 하나님의 위로를 전달하는 통로가 되게 하라.

당신은 위로가 필요할 때 어디에서 위로를 찾는가?

고백의 기도 | 위로의 주님, 주님은 어려움 가운데 있는 저를 위로하시고 다정하게 말씀해 주시는 하나님이십니다. 주님의 기쁨과 평화로 저를 채우시고, 주님의 위로가 필요한 사람들을 볼 수 있는 눈을 제게 주옵소서. 아멘.

더 깊은 묵상 | 사 40:1-2; 41:10; 51:12; 66:13

37

데오스 모노스 소포스

유일하게 지혜로우신 하나님

"지혜로우신 하나님께 예수 그리스도로 말미암아
영광이 세세무궁하도록 있을지어다 아멘"(롬 16:27).

실제로 '어리석은 천재'가 될 수 있다는 사실을 알고 있는가? 지혜로운 것은 아이큐가 높은 것과 다르기 때문이다. 성경에 따르면, 지혜는 많은 정보를 습득하는 능력이 아니다. 성경적인 지혜는 '삶의 기술'이며 지식을 실천으로 옮기는 통찰력이다. 지혜는 단지 머리에만 속한 것(사실의 습득)이 아니라, 마음(이해하거나 동의하지 못할 때도 진리에 복종하는 것)을 포함하며, 손(가정과 일터와 학교에서 진리를 실행하는 것)을 요구한다.

그러면 그런 '삶의 기술'을 습득하는 방법은 무엇일까? 성경에 따르면, 지혜로 이끄는 것은 "여호와를 경외"하는 것이다(시 111:10). 지혜를 얻기 위한 요소가 단 두 가지, 곧 경외(또는 두려워함)와 하나님뿐이라는 점을 주목하라.

하나님은 모든 진리와 영원한 지혜의 근원이시다(잠 2:6). 이것이 완전히 타당한 이유는 하나님이 "유일하게 지혜로우신 하나님"(롬 16:27, NIV)이시기 때문이다. 다시 말해 하나님은 근본적이고 본질적으로 지혜로우시다. 물론 당신이 세상의 '지혜'를 원한다면, 이 망가진 세상에서도 그런 지혜를 찾을 수는 있다. 그러나 성경은 세상의 지혜는 이기심과 갈등을 낳는다는 사실을 우리에게 상기시킨다(이는 경험으로도 알 수 있다). 반면에 하나님의 지혜는 합리적이고, 위선이 없으며, 평화를 낳는다.

지혜를 얻기 위한 두 번째 요소는 경외(또는 두려워함)다. 경외는 무엇인가를 거룩하게 대하는 것이다. 이런 태도의 핵심은 겸손이다. 경외하는 사람은 전부 아는 척하는 교만한 사람이 아니다. 그들은 의견을 받아들인다. 실제로 그들은 더 지혜로운 사람이 자신의 이해를 도와주기를 갈망하며 절실히 원한다.

지혜로운 계획을 세우고 효과적으로 실행하는 지혜로운 사람이 되기를 원하는가? 조화와 기쁨을 낳는 방식으로 다른 사람과 관계 맺기를 원하는가? 그렇다면 자기만의 도덕 규범을 만들지 말라. 당신 자신의 변덕스러운 생각이나 행위를 의지하지 말라. 그 대신 유일하게 지혜로우신 하나님에게 어떻게 나아가야 할지를 보여 달라고 겸손하게 간구하라.

믿음으로 의심하지 않고 구하면, 당신은 하나님이 지혜의 길로 인도하실 것임을 확신할 수 있다(약 1:5-6).

당신이 아는 가장 지혜로운 사람은 누구인가?

고백의 기도 | 유일하게 지혜로우신 주님, 주님은 지식이 무한하시며, 주님의 말씀은 주님이 참 지혜의 근원이시라고 말합니다. 제가 모든 상황에 능숙하고 의롭게 대처할 수 있도록 오늘도 제게 주님의 지혜를 주시기를 간구합니다. 아멘.

더 깊은 묵상 | 욥 12:13; 롬 11:33; 딤전 1:17

38

네르

등불

|

"여호와여 주는 나의 등불이시니 여호와께서 나의 어둠을 밝히시리이다"(삼하 22:29).

전기가 발명되기 전에 살았던 사람들은 등불을 대단히 소중히 여겼다. 그들에게 등불은 귀중한 소유물이었다. 등불은 삶을 더 편리하고 안전하게 해 주었다. 등불이 있으면 밤에 아이들과 가축들을 확인할 수 있었고, 일을 효율적으로 할 수 있었으며, 나쁜 사람이나 들짐승의 접근을 막을 수 있었다.

하나님은 우리의 영적 "등불"(네르)이시다. 하나님은 우리의 인생길을 밝혀 주신다. 우리가 하나님을 가까이 모시면, 하나님은 우리 발이 걸려 넘어지거나 잘못해서 절벽으로 떨어지지 않도록 지켜 주신다. 이런 하나님을 우리의 등불로 삼으면, 우리는 하나님이 명하신 일을 행하는 데 필요한 빛을 갖게 된다. 하나님의 빛에 머물면 원수도 겁을 먹고 도망간다. 우리의 어두운 충동과 유혹은 바퀴벌레나 쥐나 해충처럼 달아난다.

마지막으로 한 가지 이미지를 더 상상해 보라. 만약 하나님이 **나의** 등불이시고 당신의 등불이시며 다른 여러 사람의 등불이시라면, 하나님의 사람들이 함께 모일 때 어떤 일이 일어나겠는가? 빛이 강해지고,

불빛이 타오를 것이다. 모두는 아니더라도, 일부는 빛에 이끌려 올 것이다. 어둠 가운데 사는 많은 사람이 그 빛을 보고 이렇게 말할 것이다. "와, 아름답네요. 안전해 보이네요. 나도 거기에 있고 싶어요."

하나님이 당신의 등불이 되시게 하라. 그래서 당신의 빛이 어둠을 비추게 하라.

당신은 하나님이 당신에게 주신 빛을 하나님을 섬기는 데 어떻게 쓰겠는가?

고백의 기도 | 등불이신 하나님, 제게 빛을 사랑하고 어둠을 미워하는 마음을 주옵소서. 아멘.

더 깊은 묵상 | 욥 29:3; 요 8:12

39

겔라 라즈

은밀한 것을 나타내시는 이

"오직 은밀한 것을 나타내실 이는 하늘에 계신 하나님이시라 그가 느부갓네살 왕에게 후일에 될 일을 알게 하셨나이다"(단 2:28).

어느 날 밤, 고대 바벨론 왕이자 유다 왕국의 정복자인 느부갓네살은 심란한 꿈을 꾸었다. 마음이 어지럽고 불안해진 느부갓네살은 가장 뛰어난 현자들을 불러 모았다.

조언자가 되는 것은 종종 사실보다 추측이 더 많이 개입되는 아주 주관적인 일임을 알았기에(특히 권력자들에게 나쁜 소식을 전하기를 좋아하는 사람은 아무도 없으므로), 느부갓네살은 그 조언자에게 후하게 포상하겠다고 결정했다. 자기 꿈의 **의미**에 대해 조언자들이 늘어놓는 다양한 의견을 듣기 전에 느부갓네살은 그들에게 꿈의 **내용**을 먼저 말하게 했다(신과 연결된 핫라인을 가진 사람이라면 그런 세부 사항을 알 수 있지 않을까?). 그렇지 못하면 해임과 몰살을 당할 것이었다.

당연히 느부갓네살의 조언자들은 공황 상태에 **빠졌다**. 죽음의 위협을 당한다 해도(아마도 죽음의 위협을 당하는 상황에서는 **특히**), 누가 다른 사람의 마음을 읽을 수 있겠는가?

이때 유대인 선지자이자 유일하신 참 하나님을 섬기는 다니엘이 등장한다. 하나님이 은밀한 것을 드러내시는 분이심을 알고 있는 다니엘은 느부갓네살 왕의 명령에도 당황하지 않았다. 다니엘은 귀를 기울이는 모든 사람에게 하나님은 꿈을 주시고 마음을 읽으시며 비밀스럽고 신비한 계시를 충분히 해석하실 만큼 능력이 있으시다고 확언했다. 그리고 실제로 다니엘은 하나님의 도우심과 능력을 힘입어 하나님만이 아실 수 있는 일들을 왕에게 알려 주었다.

삶에는 알 수 없는 일이 가득하다. 내일은 어떤 일이 일어날까? 지금 하는 일을 계속할 수 있을까? 우리 아이들은 어떻게 될까? 암이 재발할까? 결혼 생활이 나아질까? 하나님만이 아신다.

우리가 아는 것 그리고 신뢰할 수 있는 것은 하나님이 우리가 알아야 할 것을 우리가 알아야 할 때 알려 주신다는 것이다.

당신은 미래에 대한 어떤 질문의 답을 알고 싶은가? 하나님이 앞으로 일어날 일을 이미 알고 계신다는 사실은 당신에게 어떻게 위로가 되는가?

고백의 기도 | 은밀한 것을 나타내시는 하나님, 제 삶에 알 수 없고 불확실한 것이 너무나 많습니다. 제가 지금 당장 알아야 할 것만을 알려 주시고 믿음이 자라게 해 주셔서 감사합니다. 아멘.

더 깊은 묵상 | 렘 33:2-3; 암 3:7

40

요쩨레누

토기장이

"그러나 여호와여, 이제 주는 우리 아버지시니이다 우리는 진흙이요 주는 토기장이시니 우리는 다 주의 손으로 지으신 것이니이다"(사 64:8).

재능 있는 토기장이에게 진흙 한 덩이를 주면 그는 뛰어난 창의성을 발휘할 것이다. 그 예술가는 영감을 받아 단순한 진흙 덩어리가 무엇이 될 수 있고 무엇이 될 것인지를 꿈꾸며 상상한다. 그러고는 작업을 시작해 열정적으로 진흙을 손으로 빚고 모양을 잡을 것이다.

지나가는 사람들은 예술가가 무엇을 염두에 두고 있는지 전혀 알지 못한다. 추측해 보려고 할 수 있지만, 오직 토기장이만이 자신의 의도를 안다. 심지어 어떤 구경꾼들은 의아해하기도 한다. **"뭘 하는 거지? 망치고 있잖아! 차라리 다른 것을 만들지, 왜 그러지 않는 걸까?"** 진정한 예술가는 당연히 비판을 무시한다. 그들은 예술가의 계획을 모르기 때문이다.

구경꾼들이 토기장이의 의도를 알 수 없다면, 더군다나 진흙은 얼마나 이해하지 못하겠는가? 진흙이 느끼고 말할 수 있다면, 자기가 짓이겨지고 으깨지며 모양이 잡히고 회전하며 긁히고 가마에서 구워진다고 말할 것이다. 진흙이 추론할 수 있는 것은, 알 수 없는 목적을 위해 어떤 그릇이 되고 있다는 것뿐이다.

성경에 따르면, 하나님은 토기장이와 같으시다. 그리고 우리는 하나님 손에 있는 진흙과 같다. 우리는 하나님이 우리에 대해 어떤 생각을 가지고 계시는지 알지 못한다. 우리는 하나님이 우리를 어떤 그릇으로 빚으시는지도 알 수가 없다. 어떤 때는 하나님이 우리를 조각하시는 것이 고통스럽고 혼란스러우며 어지러울 수 있다. 때로는 우리가 쓸모없을 것 같고, 더구나 아름답지도 않을 것 같다. 그러나 우리가 토기장이이신 하나님을 신뢰한다면, 언젠가 우리가 거울을 들여다보고 놀라면서 "오! 훨씬 낫네!"라고 감탄할 날이 올 것을 믿을 수 있다.

사도 바울은 이렇게 썼다. "너희 안에서 착한 일을 시작하신 이가 그리스도 예수의 날까지 이루실 줄을 우리는 확신하노라"(빌 1:6). 토기장이이신 하나님을 의심하거나 비판하는 일은 우리가 할 일이 아니다. 우리가 할 일은 우리에 대한 하나님의 작업이 아직 끝나지 않았다는 것을 알고 하나님의 손길을 신뢰하는 것이다.

당신에 대한 하나님의 계획을 신뢰하기 어려울 때는 언제인가?

고백의 기도 | 토기장이이신 하나님, 저를 포기하지 않으셔서 감사합니다. 하나님이 원하시는 사람이 되도록 저를 빚어 가시니 감사합니다. 빚으심이 고통스러울 때, 인내하며 하나님을 신뢰하게 해 주옵소서. 아멘.

더 깊은 묵상 | 사 45:9; 롬 9:20

5부

우리의 생명이신 하나님

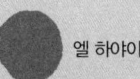 엘 하야이

 게오르고스

엘 로이   엘 하이

여호와 샬롬

하나님은 우리에게 생명을 주신다.

 엘로힘 아하바

슈브 네페쉬   엘 칸나

마코르 하이 마임   여호와 라파

41

엘 하야이

내 생명의 하나님

"낮에는 여호와께서 그의 인자하심을 베푸시고 밤에는 그의 찬송이 내게 있어 생명의 하나님께 기도하리로다"(시 42:8).

낯선 두 사람이 만나 악수하고 통성명을 할 때, 반드시 묻는 첫 번째 질문은 "그런데 무슨 일을 **하세요?**"다. 미식축구 프로 선수라면 "레이븐스의 수비수입니다."라고 답할 것이다. 기업인이라면 "ABC 코퍼레이션의 영업 담당 부사장입니다."라고 답할 것이다.

사람들은 일반적으로 자신의 역할이나 하루를 보내는 방식, 자신이 하는 일로 자기를 파악하거나 자기 삶을 설명한다. 이는 활동을 정체성과 동일시하기 때문이다. 그래서 우리는 이렇게 말한다. "아, 저는 다섯 아이를 키우는 전업주부예요." "저는 링컨고등학교 3학년이에요." 이런 호칭이나 설명은 엄밀히 말해 거짓은 아니지만, 우리가 실제로 누구인지와는 거의 관련이 없다. 왜냐하면 **존재**가 **행위**보다 우선하기 때문이다.

기독교 신앙의 놀라운 가르침은, 우리의 행위가 우리를 규정하지 않는다는 것이다. 우리 정체성의 뿌리는 우리가 만드는 것(경력, 가족, 실수 등)에 있지 않고 우리를 만드신 영원하신 하나님께 있다. 우리를 설계하신 하나님이 우리를 규정하신다. 이전이나 이후나 우리는 다른 어떤 존재가 아니라 하나님이 사랑하시는 피조물이며 구속받은 백성이다. 하나님이 자신을 위해 지으시고, 자신의 영광을 위해 만드신 백성이다.

이 말은 운동선수에게는 스포츠가 그의 생명이 아니라는 것을 뜻한다. 엄마에게는 가족이 그녀의 생명이 아니다. 기업인에게는 경력이 그의 생명이 아니다. 생명, 즉 참되고 영원한 생명은 오직 하나님에게서만 나온다. 하나님이 우리의 생명이시다. **하나님**이 우리에게 이름을 주시고 우리가 누구인지 알려 주신다. **하나님**이 우리에게 가치와 목적을 부여하신다. 우리의 가치와 정체성은 우리가 하거나 하지 못하는 일에서 나오는 것이 아니라 **하나님**에게서 나온다.

오늘 당신의 삶이 시합이나 가족에 대한 헌신이나 직업상의 성공으로 규정되지 않는다는 사실을 기억하라. 당신의 정체성은 돈이나 소유나 성취나 다른 사람의 인정이 아니다. 하나님은 당신이 하나님을 알고, 사랑하며, 섬기고, 하나님 안에서 만족하도록 창조하셨다.

하나님을 당신의 생명으로 인정할 때 진정한 삶이 시작된다!

지금까지 당신은 자신을 어떻게 규정해 왔는가?

고백의 기도 | 생명의 주님, 주님이 저를 창조하시고 호흡을 주셔서 살게 하셨습니다. 하나님, 제가 주님 덕분에 존재한다는 사실을 기억하게 해 주옵소서. 주님은 제 생명의 하나님이십니다. 오늘도 이 진리를 따라 살게 하옵소서. 아멘.

더 깊은 묵상 | 시 73:26; 빌 1:21

42

엘 로이

나를 살피시는 하나님

"하갈이 자기에게 이르신 여호와의 이름을 나를 살피시는 하나님이라 하였으니 이는 내가 어떻게 여기서 나를 살피시는 하나님을 뵈었는고 함이라"(창 16:13).

우리는 나쁜 짓을 했을 때, 남들에게 들키지 않기를 바란다. 그러나 인생이 풀리지 않을 때라면, 누가 간과되기를 바라겠는가?

하갈의 이야기는 자신이 보이지 않는 존재라고 느낀 적이 있는 모든 사람에게 격려가 된다. 애굽인 여종 하갈의 삶은 임신하지 못하는 그녀의 주인 사래가 그녀를 아브람에게 주어 상속자를 낳게 하면서부터 모든 것이 달라졌다. 하갈은 아브람의 아이를 갖게 되자 사래에 대한 감정이 순식간에 우월감으로 변했다. 이로 인해 사래의 학대가 시작되었다. 괴롭힘이 참을 수 없을 만큼 심해지자, 하갈은 돈도, 음식도, 물도, 계획도 없이 광야로 도망쳤다.

임신한 몸으로 황량한 광야를 홀로 걸으며 분명히 잊힌 기분을 느꼈을 하갈은 우연히 샘물을 발견했다. 그런데 물을 마시려고 멈추었을 때 그녀는 단순히 원기를 북돋는 물만이 아니라, 초자연적인 도움도 발견했다! 바로 주님이 천사의 모습으로 하갈을 만나 주신 것이다. 주님은 풍성한 약속으로 하갈을 안심시키셨는데, 그녀의 아들이 살아서 "그 수가 많아 셀 수 없게" 될 자손의 조상이 될 것이라고 약속하셨다. 그리고 새로운 희망과 힘을 주어 집으로 돌려 보내셨다. 그러니 하갈이 주님을 "나를 살피시는[보시는] 하나님"이라고 부르는 것이 당연하지 않은가?

이 이름에는 하나님의 긍휼이 담겨 있다. 하갈이 어디로 가야 할지, 어떻게 해야 할지 모를 때, 하나님은 그녀에게 자신이 실재하며, 피조물의 필요를 보고, 다가가 도우신다는 사실을 상기시켜 주셨다. 하나님은 우리가 가는 길을 대충 훑어보지 않으신다. 하나님은 우리가 직면한 어려움을 오랫동안 열심히 살펴보시고 행동을 취하신다.

혼자인 것 같고, 당신의 어려움을 아는(하물며 이해하는) 사람이 아무도 없는 것 같은가? 어쩌면 당신의 삶에는 부당한 일이 많다고 느낄 수도 있다. 그렇게 암울한 때도 하나님이 **엘 로이**이심을 믿으라. 하나님이 보고 계신다. 하나님이 당신을 보고 계신다. 열심히 지켜보신다. 주목하신다. 모든 것을 살피시고 하나도 놓치지 않으신다. 다른 사람은 당신을 간과하거나 잊어버릴 수 있지만, 하나님은 절대로 그러지 않으신다. 하나님은 당신을 보고 계시며, 당신의 필요를 아시고 당신이 찾는 위안을 기꺼이 주신다. 당신은 당신을 지켜보시는 하나님을 알고 있는가?

언제 무력감과 외로움을 가장 크게 느끼는가? 하나님이 당신의 상황을 보고, 깊이 알고 계신다는 사실은 어떤 면에서 당신에게 위로가 되는가?

고백의 기도 | 주님은 저를 살피시는 하나님이십니다. 저를 지켜보시고, 상황을 아시며, 제게 일어나는 일에 관심을 기울이시는 주님께 감사를 드립니다. 아멘.

더 깊은 묵상 | 시 139:1; 마 6:4

43

엘로힘 아하바

사랑하시는 하나님

"내가 영원한 사랑으로 너를 사랑하기에 인자함으로 너를 이끌었다 하였노라"(렘 31:3).

성경을 잘 모르는 사람들도 "하나님은 사랑이심이라"(요일 4:8)라는 구절을 인용하곤 한다. 사랑이 하나님의 본질적인 속성이라는 개념은 정말 놀랍다. 솔직히 말해 아주 좋아서 믿기 어렵다. 그러나 성경은 거듭해서 그것이 **사실**이라고 분명히 밝히며, 그 사실이 우리 삶을 어떻게 변화시키는지 자세히 보여 준다.

하나님의 애정은 하나님이 우리를 **위하신다**는 것, 즉 하나님은 무엇이든지 우리에게 가장 좋은 것을 원하신다는 것을 의미한다. 다른 한편으로는 하나님이, 여느 헌신적인 부모와 마찬가지로, 자기 자녀에게 해로운 것은 무엇이든지 **반대하신다**는 것을 의미한다. 달리 말해서, 하나님이 우리를 사랑하시기 때문에, 하나님은 우리에게 해를 끼칠 수 있는 모든 것을 미워하신다.

이것이 하나님의 사랑을 하나님의 다른 모든 속성, 즉 얼핏 보기에는 그다지 사랑이 깃든 것으로 **보이지** 않는 속성(거룩하심, 공의로우심, 죄에 대한 진노)과 조화시키는 방법이다. 하나님은 언제나 모든 속성을 다 갖고 계신다.

하나님은 다중 인격이 아니시다. 하나님의 속성은 서로 독립적으로 작용하지 않는다. 언제나 조화를 이룬다. 그러나 절대로 충돌하지 않는다. 예를 들어 하나님은 거룩한 방식으로 사랑하신다. 하나님은 온전한 사랑의 방식으로 우리에게 상벌을 베푸신다.

하나님이 변하지 않으시므로, 우리는 하나님의 사랑도 변하지 않는다고 확신할 수 있다. 하나님이 어디에나 계시므로, 하나님의 사랑도 어디에나 있다(이해했을 테니 계속하지 않아도 될 것 같다).

무슨 일이 일어나든지, 우리가 어떤 상황에 처하든지, 우리는 우리를 열렬히 사랑하시는 하나님이 우리를 보호하시고, 지키시며, 우리에게 귀를 기울이시고, 돌보신다는 것을 알 수 있다. 하나님은 사랑이시다. 그리고 우리를 사랑하시는 하나님이 계시지 않는 시간이나 상황은 절대로 없다.

당신은 하나님의 사랑과 하나님의 두려운 공의를 어떻게 조화시키는가?

고백의 기도 | 저를 사랑하시는 하나님, 주님은 사랑에서 벗어나는 행동을 하시는 때가 절대로 없으심에 감사를 드립니다. 아멘.

더 깊은 묵상 | 왕상 10:9; 사 63:9

44

여호와 샬롬

여호와는 평화이시다

"기드온이 여호와를 위하여 거기서 제단을 쌓고 그것을 여호와 샬롬이라 하였더라 그것이 오늘까지 아비에셀 사람에게 속한 오브라에 있더라"(삿 6:24).

세계의 많은 분쟁 지역에서 비무장지대를 볼 수 있다. 이 지역은 적대하는 나라나 군대 사이에 있는 무인 지대다. 그래서 여기서는 총알이 날아다닐 가능성이 없어도 엄청난 긴장감을 느낄 수 있다. 군대가 싸우지는 않지만, 평화를 느낄 수 없다. 어째서 그럴까? 성경이 **샬롬**이라고 부르는 참 평화는 단순한 '다툼의 부재'가 아니기 때문이다.

샬롬은 갈등이 없는 것이 아니라 충만함과 기쁨과 우정과 사랑이 있는 것이다. 사실 **샬롬**은 하나님이 본래 의도하신 삶이다.

이스라엘 역사의 암흑기에 기드온은 백성을 이끌고 대적 미디안 족속을 물리칠 수 있었다. 승리한 후에 기드온은 큰 평화를 느꼈다. 이 평화는 더 이상 위협과 공격을 당하지 않는 데서 오는 물리적인 땅의 평화였다. 또한 하나님이 자신을 부르셔서 강하게 하시고 구원하셨음을 아는 데서 오는 내적이고 영적인 평화였다. 기드온은 무척 감사해서 제단을 쌓고 그것을 "여호와는 평화이시다"라고 불렀다.

오늘 당신은 얼마나 평화를 누리고 있는가? 당신은 목숨을 잃을까 봐 두려워하지 않아도 되는 안전한 지역에 살고 있을 수도 있다. 미래를 걱정하지 않아도 될 만큼 충분한 자산과 수입이 있을 수도 있다. 이런 것들이 놀라운 복이기는 하지만, 하나님이 우리에게 주시는 전혀 다른 차원의 평화가 있다. 우리는 예수 그리스도를 통해 **하나님**과 화목할 수 있다. 우리는 하나님께 용서받지 못한 원수(롬 5:10)였지만, 믿음으로 하나님의 사랑받는 자녀(요 1:12)가 되었다. 이렇게 하나님**과** 화목할 때 우리는 비로소 하나님**의** 평화를 누리기 시작한다(빌 4:7).

인기 있는 표어가 있다. "Know Jesus, know peace. No Jesus, no peace."(예수님을 알면, 평화를 안다. 예수님이 없으면, 평화도 없다.). 당신은 예수님을 아는가? **여호와 샬롬**이신 하나님께 하나님의 평화를 달라고 간구하라. 그러면 평강의 왕이신 예수님을 당신에게 주실 것이다.

삶에서 예상치 못한 방식으로 하나님의 평화를 경험한 적이 있는가? 언제 그리고 어떻게 경험했는가?

고백의 기도 | 평화의 하나님, 삶은 힘겹고 갈등이 가득합니다. 주님의 **샬롬**이, 즉 모든 지각에 뛰어난 하나님의 평화가 오늘도 그리고 언제나 제 마음을 다스려 주옵소서. 아멘.

더 깊은 묵상 | 요 14:27; 계 21:4

엘 칸나

질투하시는 하나님

"그것들에게 절하지 말며 그것들을 섬기지 말라
나 네 하나님 여호와는 질투하는 하나님인즉"(출 20:5).

누가 '질투하는' 사람으로 보이고 싶어 할까? 달갑지 않은 이 표현은 친구가 자기보다 주목받거나 경쟁자의 남자 친구가 자기 남자 친구보다 더 잘생겼다는 사실에 몹시 분해하는 여학생을 떠올리게 한다. 질투는 허영심이 많고 이기적이며 의심이 많은 것이다. 그리고 다른 사람이 가진 것을 원하면서 자기 삶의 좋은 것은 충분히 인정하거나 감사하지 않는 것이다.

그러나 또 다른 질투, 즉 거룩한 질투가 있다. 성경에 따르면, 이 질투는 하나님이 자기 백성에 대해 품으신 고귀한 질투다. 그런데 왜 이것은 적합한 질투일까? 우리가 오로지 하나님만 사랑하기를 원하시는 것이 옳은 이유는 무엇일까? 하나님이 우리를 지으셨고, 그리스도 안에서 우리를 사셨기 때문이다(고전 6:20; 7:23).

하나님의 질투는 탐욕이나 이기심에서 비롯되지 않는다. 오히려 하나님의 거룩한 질투는 보호하고 돌보고 복을 주시려는 열망에 뿌리를 둔다. 하나님은 언제나 그리고 오로지 택한 자들에게 최선을 주길 원하신다. 하나님의 완전한 사랑보다 더 좋은 것이 있겠는가?

우리는 여학생이 보여 주는 부정적이고 상처를 주는 질투를 상상하지 말고 우리를 보호하고 돌보시는 하나님의 질투를 상상해야 한다. 하나님을 노숙자 아들이 시궁창에서 자는 것을 발견한 사랑의 아버지라고 생각해 보라. 이 아버지가 얼마나 간절히(jealously) 자기 아들을 구하려고 애쓸지 상상해 보라. 아버지의 목표는 아들을 벌하는 것이 아니라 아들의 삶을 회복시키는 것이다.

하나님은 히브리 민족을 애굽의 노예 생활에서 구하시고, 그들을 시내산으로 인도하셨다. 그리고 하나님은 시내산 기슭에서 그들이 곧 다른 신을 섬기는 이웃에게 둘러싸여 살게 될 것이라고 말씀하셨다. 그리고 그들이 배반과 불충의 유혹을 받게 될 것이라고 경고하셨다. 그러나 하나님은 그런 일이 일어나도록 가만히 보고 계시지 않겠다고 확언하셨다. 질투하시는 하나님은 그들의 관심과 애정을 얻기 위해 열렬히 분투하실 것이다.

하나님이 자신을 "질투하는" 분이라고 부르신다는 점은 우리의 예배가 나뉠 수 없다는 것을 상기시킨다. 가장 큰 계명은 우리의 마음을 "다하여"(일부가 아니라) 하나님을 사랑하라는 것이다. 하나님만이 우리의 헌신을 받기에 합당하시다. 하나님만이 우리의 마음을 바치기에 합당하시다.

하나님은 자기가 사랑하는 사람들이 다른 곳에서 생명과 궁극적인 의미, 목적과 기쁨을 발견할 수 없다는 것을 아신다. 하나님은 오직 자신만이 언제나 우리를 위해 최선을 추구하신다는 것을 아신다. 또한 하나님은 우리 마음이 진정한 안식을 찾을 수 있는 유일한 장소는 하나님뿐임을 아신다.

예수님이 오셔서 우리가 두 주인을 섬길 수 없다는 사실을 우리에게 상기시키신 이유가 바로 이 때문이다(마 6:24). 예수님은 하나님을 위하지 않는 자는 누구든지 하나님을 대적하는 자라고 말씀하셨다(눅 11:23). '어느 정도'나 '때때로' 또는 '대부분' 하나님께 헌신하려는 유혹이 있을 수 있다. 그러나 우리는 하나님께 자신을 바치지 않으면 다른 사랑의 대상에게 자신을 바치게 되어 있다. 하나님은 우리의 사랑을 질투하며 원하신다. 우리가 하나님의 사랑을 알기를 간절히 원하시기 때문이다.

당신의 마음과 삶에서 하나님과 경쟁하는 것은 무엇인가?

고백의 기도 | 질투하시는 하나님, 제 마음에서 하나님보다 관심과 애정을 끄는 모든 것을 몰아내 주옵소서. 오늘 저의 불충함으로 인해 하나님이 질투하시지 않게 하옵소서. 아멘.

더 깊은 묵상 | 출 34:13-14; 사 42:7-8

슈브 네페쉬

생명의 회복자

"이는 네 생명의 회복자이며 네 노년의 봉양자라
곧 너를 사랑하며 일곱 아들보다 귀한 네 며느리가 낳은 자로다 하니라"(룻 4:15).

사랑하는 사람의 죽음을 겪어 본 적이 있는가? 그렇다면 당신은 슬픔의 고통을 알 것이다. 또 삶의 위대한 신비와 맞닥뜨린 적도 있을 것이다. 이렇게 우리를 살아 움직이게 하는 비물질적인 본질, 영혼은 무엇일까? 그 영혼은 어디에서 왔을까? 그리고 우리가 죽으면 영혼은 어디로 갈까?

성경은 하나님이 단순히 여러 신체 부위와 조직과 기관을 조합해 인류를 창조하신 것이 아니라고 말한다. 물론 하나님은 그렇게 조합하는 일도 **하셨다**. 그러나 창세기 2장 7절은 하나님이 생명이 없는 피조물을 취하셔서 "생기를 그 코에 불어넣으시니 사람이 생령이 되니라"라고 말한다. 이처럼 성경의 첫 장에서 우리는 하나님이 생명의 근원이시며 수여자이심을 알 수 있다.

그런데 하나님은 우리에게 육체적 생명만 주시지는 않으셨다. 하나님은 우리가 **영적으로** 살아가는 모습을 보기 원하신다. 하나님은 우리의 삶을 새롭게 하시고, 우리에게 영생을 주기 원하신다. 즉 예수 그리스도를 통해 하나님을 아는 삶을 주기를 원하신다(참조. 요 17:3).

예수님은 자신을 따르는 자들에게 생명을 "풍성히" 주기 위해 오셨다고 말씀하셨다(요 10:10). 이 개념은, 우리 삶의 기복과 무관하게, 더할 나위 없이 풍성하고, 믿을 수 없을 만큼 부요하며, 복이 넘치는 삶을 떠올리게 한다.

이 말은 하나님 **안에서의** 삶이나 하나님과 **함께하는** 삶이 쉽고 어렵지 않다는 말이 아니다. 전혀 그렇지 않다. 우리는 망가진 사람들로 가득한 망가진 세상에서 살고 있다. 그래서 우리는 고난에 직면하고 고통을 견뎌야 한다. 많은 시편이 이를 암시한다. 언젠가는 하나님이 만물을 새롭게 하시겠지만, 그때까지 우리는 어려움을 겪고 눈물을 흘릴 것이다. 그러므로 우리는 하나님의 임재 가운데서 하나님의 약속을 의지하며 살기를 선택해야 한다.

신약은 이 개념을 더 확장한다. 우리는 하나님, 곧 우리의 생명을 유지하실 뿐만 아니라, 사도 바울이 주장하듯이 "우리 생명"(골 3:4)이신 하나님을 섬긴다. 더욱이 중요한 사실은 우리가 구주의 사랑을 받는다는 것이다.

이것이 믿음의 삶이다. 그리스도가 마치 우리의 산소이신 양 우리는 그리스도께 매달려 산다. 즉 그리스도는 우리에게 보이지 않지만 없어서는 안 되는 생명의 원천이시다. 그리스도를 우리의 생명으로 보는 것은 매 순간 우리에게 그리스도가 필요하다는 것을 인정하고, 삶의 모든 굽이마다 그분을 의지하는 것이다. 이는 두려움에 가득 찬 절망의 삶이 아니라 사랑으로 헌신하는 삶이다.

이렇게 예수님을 중심에 둔다고 해서 우리의 문제가 사라지는 것은 아니지만, 문제를 바라보는 시각이 달라질 것이다. 우리 하나님은 삶의 근원이시며 유지자이시다. 그 삶은 단순히 '그럭저럭 살아가는' 삶이 아니라 우리가 진정으로 원하는 삶이다.

하나님이 우리에게 주시는 새로운 삶은 양적으로나 질적으로나 우리의 상상을 초월한다.

"하나님은 나의 생명이시다."라는 말이 당신에게는 얼마나 진실인가?

고백의 기도 | 생명의 회복자이신 하나님, 주님이 저의 생명이시라는 말이 무엇을 의미하는지, 그리고 **주님을 위해** 산다는 것이 무슨 의미인지 가르쳐 주옵소서. 아멘.

더 깊은 묵상 | 요 14:6; 행 3:15

47

게오르고스

농부

"나는 참포도나무요 내 아버지는 농부라"(요 15:1).

성경에는 농사와 관련된 은유가 **많이** 나온다. 하지만 "농부"는 우리가 하나님을 지칭할 때 일반적으로 사용하는 호칭이 아니다. 그러나 성경은 하나님을 농부로 묘사하며, 예수님도 하나님을 농부라고 부르셨다. 그럴 만한 이유가 있다.

인류 역사는 동산에서 시작되었다(창 1-3). 초목이 무성한 에덴이라는 동산에서 하나님은 창조하신 피조물들과 교제하시고, 그들에게 하나님이 창조하신 세계를 경작하고 돌보라고 명령하셨다.

그런데 죄가 세상에 들어오자, 하나님의 동산은 망가졌고 에덴에 접근하는 길이 막혔다. 하나님은 어떻게 대응하셨는가? 하나님은 낙원을 회복할 장대한 계획을 세우셨다. 성경의 다른 부분이 묘사하는 사건들을 보면, 하나님은 내내 농사를 지으셨다. 하나님은 사람이 농작물을 재배하는 것과 똑같은 방식으로 한 민족을 정성 들여 인내하며 기르셨다. 어떤 면에서, 하나님은 씨를 뿌리셨고, 심고 물을 주셨다. 개량하고 가꾸셨다. 다시 심고 옮겨 심으셨다. 가지를 치고 비료를 주셨다. '해충' 을 쫓으셨다. 뿌리를 뽑고 버팀목을 세우셨다.

하나님이 자기 아들을 세상에 보내셔서 사탄과 죄와 죽음을 물리치게 하셨을 때, 예수님은 동산(겟세마네)에서 사탄을 이기셨다. 그리고 예수님이 죽음을 이기고 나오신 곳도 바로 동산의 무덤이었다.

성경의 마지막 세 장에서, 우리는 새 창조, 즉 새 하늘과 새 땅에 대해 읽는다. 그곳은 에덴동산의 완전함이 회복되는 장소다.

그때까지 농부이신 하나님은 여전히 죄의 영향을 받는 세상에서 일하신다. 하나님은 은혜로, 우리의 믿음을 통해, 우리를 참 포도나무이시며 생명의 원천이신 그리스도께 접붙이신다. 우리는 가지일 뿐이다. 그러나 우리가 그리스도께 굳게 붙어 있으면, 우리는 자라나고 생명을 주는 열매를 맺는다. 때로 하나님은 우리가 더 많은 열매를 맺도록 우리를 떠받쳐 주시거나 다듬어 주신다.

우리가 할 일은 흙이나 비료에 대해 걱정한다든지, 다른 식물이 어디에 있는지 또는 어떤 열매를 맺고 있는지 염려하는 것이 아니다. 우리가 할 일은 단지 농부의 돌보심에 반응하여 성장하는 것뿐이다!

숙련된 농부이신 하나님이 당신의 삶을 돌보신 방법들을 설명해 보라.

고백의 기도 | 농부이신 주님, 제 삶을 주님께 맡깁니다. 주님이 원하시는 곳에 저를 심어 주소서. 제가 주님의 동산에서 아름답고 풍성한 열매를 맺게 해 주소서. 아멘.

더 깊은 묵상 | 시 1; 눅 8:5-15

48

여호와 라파

치료하시는 여호와

"이르시되 너희가 너희 하나님 나 여호와의 말을 들어 순종하고
내가 보기에 의를 행하며 내 계명에 귀를 기울이며 내 모든 규례를 지키면
내가 애굽 사람에게 내린 모든 질병 중 하나도 너희에게 내리지 아니하리니
나는 너희를 치료하는 여호와임이라"(출 15:26).

성경의 치유를 생각할 때, 우리는 입이 떡 벌어지는 육체적 회복, 즉 나병환자가 온전하게 되고, 맹인이 눈을 뜨고, 앉은뱅이가 뛰는 일을 생각하는 경향이 있다. 이런 일들은 의문의 여지없이 하나님의 능력을 보여 주는 놀라운 증거다. 그러나 하나님의 능력은 육체의 영역을 훨씬 초월한다.

하나님은 자기 형상으로 우리를 창조하셨다. 이는 하나님이 우리 각 사람에게 지성과 의지와 감정을 주셨으며, 우리가 관계를 맺을 수 있게 하셨다는 것을 의미한다.

우리는 복잡한 존재이며, 따라서 죄로 인한 상처도 복잡하다. 우리의 가장 깊은 상처는 엑스레이나 혈액 검사를 통해서는 볼 수 없다. 만약 당신이 죄책감이나 수치심에 빠졌다든지, 깨진 관계로 인해 아픔을 느낀든지, 제멋대로인 가족 때문에 괴롭다든지, 사랑하는 사람을 잃어 슬프다든지, 이루지 못한 꿈 때문에 실망한 적이 있다면, 그 영적이고 감정적이며 관계적인 상처가 때로는 육체의 질병보다 더 고통스러울 수 있다는 사실을 알 것이다.

기쁜 소식은 하나님이 육체뿐만 아니라 훨씬 **많은 것**을 치료하실 수 있다는 사실이다. 실제로 하나님은 우리의 가장 중대한 필요, 즉 영을 치유해 주실 수 있다.

예수님은 세상에 계실 때 많은 사람을 치료하셨다. 그러나 이 자비로운 치유는 모두 단순한 치유가 아닌, 각각 앞으로 다가올 것의 표징이었다. 그 육체적 치유는 사람들에게 다가오는 하나님 나라, 더 이상 아픔이 없고, 고통이 없고, 눈물이 없는 새 하늘과 회복된 땅을 가리켜 보였다(참조. 계 21:4).

오늘날 부러진 뼈와 상한 마음과 깨진 관계를 치료하실 때, 하나님은 우리에게 다가올 것을 미리 맛보게 하신다. 하나님은 **여호와 라파**, 우리의 치료자이시다. 오직 하나님만이 영적 죽음에서 구원하신다. 하나님만이 영생을 주실 수 있다.

당신의 삶에서 하나님의 치유를 경험해야 할 구체적인 측면은 무엇인가?

고백의 기도 | 치료하시는 주님, 저의 모든 면을 돌보아 주시니 감사합니다. 주님은 제가 육체적으로, 감정적으로, 그리고 무엇보다 영적으로 치료받기를 바라십니다. 죄를 치료받을 길을 주시는 주님께 감사를 드립니다. 아멘.

더 깊은 묵상 | 시 103:1-5; 147:3; 막 2:17

49

엘 하이

살아 계시는 하나님

"내 영혼이 하나님 곧 살아 계시는 하나님을 갈망하나니
내가 어느 때에 나아가서 하나님의 얼굴을 뵈올까"(시 42:2).

모세는 처음으로 하나님을 "살아 계시는 하나님"이라고 부른 사람이다(신 5:26). 이 이름은 이스라엘의 하나님을 이웃 나라의 신과 뚜렷하게 대조한다. 나무와 금속, 돌로 만든 다른 우상은 살아 있지 않다. 그것들은 한번 세게 밀거나 강한 바람이 불면 넘어질 것이다! 그러나 모세는 "우리 하나님은 다르시다! 우리 하나님은 진짜다! 우리 하나님은 살아 계신다!"라고 말한다.

유일하고 참되신 하나님, 생명 그 자체이시며 모든 영과 육의 생명의 근원이신 하나님이 에덴동산에서 인류에게 처음 생기를 불어넣으셨다(창 2:7). 죄가 하나님의 완전한 세상에 죽음을 가져왔지만(롬 6:23), 전능하시고 살아 계신 하나님 앞에서 죄나 죽음이 무슨 소용이 있겠는가?

살아 계시는 하나님은 예수님의 인격으로 세상에 오셔서 이렇게 선포하셨다. "내가 곧 길이요 진리요 **생명**이니 나로 말미암지 않고는 아버지께로 올 자가 없느니라"(요 14:6, 강조는 저자 추가). 예수님은 또한 "내가 온 것은 양[죄악되고 영적으로 죽은 사람들]으로 생명을 얻게 하고 더 풍성히 얻게 하려는 것이라"(요 10:10, 괄호는 저자 추가)라고 말씀하셨다.

정말 좋은 소식이다! 우리는 예수님을 통해 하나님을 알 수 있다. 이것이 영적으로 살아난다는 것의 의미다!

하나님은 자기 아들을 내어 주심으로 우리가 충만하고 영원하며 영적인 새 생명을 얻게 하셨다. 예수님은 자기 생명을 버리셨으나, 죽은 채로 계시지 않으셨다! 아버지 하나님은 아들 예수님을 다시 살리셨다. "그분께서 사망에 매여 있을 수 없었기 때문이다."(행 2:24, 바른성경). 왜 그런가? 어떤 것도 살아 계신 하나님을 막을 수 없기 때문이다.

오직 살아 계신 하나님만이 영생을 주시며, 우리가 하나님과 절대로 끝나지 않는 관계를 맺고, 교제하게 하신다. 예수님은 그것을 이렇게 표현하신다. "영생은 곧 유일하신 참 하나님과 그가 보내신 자 예수 그리스도를 아는 것이니이다"(요 17:3).

오늘날 금속이나 나무나 돌로 만들어진 우상을 섬기라는 유혹은 적다. 그러나 당신은 하나님이 아닌 것에 마음을 바치도록 유혹**받을** 것이다. 그때 이 사실을 기억하라. 가짜 신은 우리에게 생명을 줄 수 없다.

우리가 필요로 하는 생명, 우리가 원하는 생명은 오직 살아 계시는 하나님 안에서만 발견할 수 있다.

살아 계신 하나님께 충성하기 위해 오늘 할 수 있는 일은 무엇인가?

고백의 기도 | 살아 계시는 하나님, 제게 영과 육의 생명을 주셔서 감사합니다. 주님을 떠나서도 참 생명을 발견할 수 있다는 어리석은 생각에 빠지지 않도록 저를 보호해 주옵소서. 아멘.

더 깊은 묵상 | 렘 10:1-5; 딤전 4:10

50

마코르 하이 마임

생수의 근원

"내 백성이 두 가지 악을 행하였나니 곧 그들이 생수의 근원되는 나를 버린 것과 스스로 웅덩이를 판 것인데 그것은 그 물을 가두지 못할 터진 웅덩이들이니라"(렘 2:13).

매년 수백만 명의 사람들이 미국의 옐로스톤국립공원에 서서 '올드페이스풀'이 분출하기를 기다린다. 이 유명한 간헐천은 천연 샘물로서 깊은 데서 솟아나는 진짜 분수인데, 여러 세기 동안 사람들을 매료시키고, 전 세계의 관광객을 계속 끌어들이고 있다.

이처럼 우리는 멋진 분수와 폭포에 매료되고, 넋을 잃고 앉아서 물이 콸콸거리며 떨어지고 흐르는 소리를 듣는다. 분수나 샘물이나 졸졸 흐르는 시냇물의 무언가가 우리의 영혼을 진정시킨다. 그러니 많은 공항과 병원이 대기 공간에 분수를 설치하는 것은 이상한 일이 아니다.

그러면 정확하게 분수의 어떤 점이 우리 마음을 그렇게 사로잡을까? 아마도 물줄기의 시원함과 물안개가 답답한 여름날에 위안을 주기 때문일 것이다. 어쩌면 끝없이 물이 공급되며 끊임없이 웅덩이를 채우는 신비로움이 우리를 사로잡는 것일 수 있다. 아니면 단지 우리를 둘러싼 분주한 일상에서 벗어나 마음을 가라앉히고 머리를 식힐 수 있기 때문일 수도 있다. 어떤 이유든지, 분명한 사실은 분수가 스트레스를 해소하고 활력을 준다는 것이다.

그렇다면 하나님이 자신을 "생수의 근원"이라고 말씀하시는 것은 놀라운 일이 아니다. 하나님은 우리에게 새로운 활력을 끊임없이, 끝없이 공급하신다. 하나님은 우리에게 평화와 휴식을 주신다. 우리가 멈추어 하나님에게 집중하면, 우리는 매혹적인 아름다움을 보게 된다. 하나님은 분수처럼 우리에게 기쁨과 만족을 주신다. 사람의 마음에 있는 웅덩이를 끊임없이 새롭게 하시고 채우신다.

예수님은 야곱의 우물에서 사마리아 여인을 만나셨다(요 4). 그녀는 다섯 명의 남편을 죽음이나 이혼으로 잃어버리는 엄청난 비극을 겪고 마침내는 결혼하지 않은 남자와 사는 삶이 빈 여인이었다. 예수님은 그런 그녀에게 궁극적인 해결책, 즉 영혼의 목마름을 영원히 해소해 줄 생수를 약속하셨다.

예수님은 당신에게도 같은 위안을 약속하신다. 목이 마르면 예수님께 가서 마시라. 당신의 메마른 마음이 영원히 새롭게 회복될 것이다.

당신의 삶에서 메마르고 건조해서 "생수의 근원"을 필요로 하는 곳은 어떤 부분인가?

고백의 기도 | 생수의 근원이신 하나님, 저는 종종 상처와 힘든 일에 너무 골몰해서 주님 안에서 만족하기를 잊어버립니다. 주님이 주시는 위안이 아니면 영혼의 목마름을 결코 해소할 수 없다는 것을 깨닫게 해 주옵소서. 아멘.

더 깊은 묵상 | 사 55:1-13; 요 4:7-14

6부

우리의 영원하신 하나님

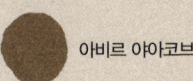
아비르 야아코브

쭈르

바라

알파와 오메가

로 샤나

우리 하나님은 영원하시다.

바실류스 바실레온

아티크 요민

엘 올람

엘 깁보르

바실레이 톤 아이오논

51

아티크 요민

옛적부터 계신 이

"내가 보니 왕좌가 놓이고 옛적부터 항상 계신 이가 좌정하셨는데
그의 옷은 희기가 눈 같고 그의 머리털은 깨끗한 양의 털 같고
그의 보좌는 불꽃이요 그의 바퀴는 타오르는 불이며"(단 7:9).

수염을 기른 한 노인이 긴 옷을 입고 권력을 상징하는 홀에 의지해 왕좌에 앉아 있다. 당신은 혹시 하나님을 이렇게 묘사한 만화를 본 적이 있는가? 시스티나성당에 그려진 미켈란젤로의 명화 "아담 창조"도 하나님을 그렇게 묘사한다.

이와 같은 현대의 하나님 이미지는 아마도 오래전에 다니엘이 잠깐 들여다본 하늘의 모습에서 비롯했을 것이다. 한번은 다니엘이 환상을 보았는데, 어떤 노인이 세상을 재판하고 통치하기 위해 왕좌에 앉아 있었다. 곧 하나님이 나이 많은 지혜로운 사람의 모습으로 자신을 나타내신 장면을 본 것이다. 이런 이미지 때문에, 하나님은 **옛적부터 계신 이**라고 불리셨다.

하나님이 다니엘의 환상에서 자신에 대해 계시하신 것은 무엇일까? 하나님을 '옛적부터 계신 이'라고 부르는 것은 어떤 의미일까?

이 신비한 문구는 다음과 같은 의미일 것이다. '하나님은 시대를 초월하시며 영원하시다.' '하나님은 온전히 지혜로우시다.' 아마도 왕좌는 통치자의 권력과 권위를, 흰옷과 머리털은 거룩함을 나타낼 것이다.

하지만 오늘날에는 이러한 이미지로 인해 하나님이 늙고 연약하며 현실과 동떨어진 분으로 오해를 받기도 한다. 그러나 이는 전혀 사실이 아니다.

하나님을 '옛적부터 계신 이'로 묘사하는 이유는 우리로 하여금 하나님을 경외하고 하나님께 겸손히 복종하게 하기 위해서다. 오직 하나님 한 분만이 시간이 시작되기 전부터 존재하셨다. 오직 하나님만이 우주의 창조자이시고 통치자이시며 심판자이시다. 하나님보다 더 오래되고, 더 강력하고, 더 순수한 이는 없다.

우리는 시간에 매여 있지만, '옛적부터 계신 이'는 시간을 벗어나 계신다. 하나님은 만물의 주권자인 왕이시다. 따라서 이사야 43장 13절에서 하나님이 하시는 말씀은 아주 당연하다. "과연 태초로부터 나는 그이니 내 손에서 건질 자가 없도다 내가 행하리니 누가 막으리요"(사 43:13).

그리스도에 대한 요한의 묘사도 흥미롭다. "그의 머리와 털의 희기가 흰 양털 같고 눈 같으며 그의 눈은 불꽃 같고 그의 발은 풀무불에 단련한 빛난 주석 같고 그의 음성은 많은 물 소리와 같으며"(계 1:14-15). 요한이 본 이 환상은 예수님이 베들레헴 구유에 누우시기 전부터 존재하셨다는 사실을 우리에게 상기시킨다. 예수님은 영원한 본성과 능력을 아버지 하나님과 공유하신다. 따라서 바리새인들과 부딪치셨을 때 예수님이 담대하게 "아브라함이 나기 전부터 내가 있느니라"(요 8:58)라고 말씀하신 것은 조금도 놀라운 일이 아니다(아니, 사실은 놀라운 일이다.).

예수님은 자신이 다니엘이 목격한, 영원하시고 전능하시며, 주권자이시고 거룩하시며, 지혜로우시고 선하신 하나님이시라고 말씀하셨다.

또한 예수님은 단지 일부 선지자들만이 환상을 통해서 드물게 볼 수 있는 분이 아니라 우리 가운데서 살아 움직이시는 분이시라고 스스로 말씀하셨다(요 1:14).

'옛적부터 계신 이'이신 하나님은 최악의 날에도 우리를 보살피실 수 있다.

하나님이 '옛적부터 계신 이'시라는 경외로운 진리에 더 잘 부합하려면, 현재 하나님에 대해 가진 당신의 이해는 어떻게 바뀌어야 하는가?

고백의 기도 | 옛적부터 계신 하나님, 힘든 시기에 하나님이 여기에 항상 함께 계신다는 것을, 그리고 이해할 수는 없어도 하나님은 언제나 지혜로운 방식으로 일하고 계신다는 것을 제게 상기시켜 주옵소서. 아멘.

더 깊은 묵상 | 사 43:13; 44:6

52

바실레이 톤 아이오논

영원하신 왕

"영원하신 왕 곧 썩지 아니하고 보이지 아니하고 홀로 하나이신 하나님께 존귀와 영광이 영원무궁하도록 있을지어다 아멘"(딤전 1:17).

루이 14세는 프랑스를 무려 70년 넘게 다스렸다. 당신은 이 사실을 믿을 수 있는가? 세계사에서 이보다 **더 오래** 다스린 통치자는 열 사람 정도밖에 없다. 그러나 영원히 다스리시는 왕과 비교하면 이것은 아주 짧은 시간에 불과하다.

모세가 이끌었던 이스라엘 자손에게는 고통스러운 기억이 있다. 바로 400년 동안 애굽 통치자들 아래에서 종노릇을 했던 기억이다. 하지만 그 파라오들 또한 권력을 잡아도 짧은 한때였고 끝이 있었다. 모세는 홍해의 파도가 애굽 군대를 덮치는 모습을 보면서, 이스라엘의 슬픈 역사의 장이 끝났다는 것을 알았다.

이제 이스라엘의 앞에는 그들의 왕이신 "영원하신 하나님"(신 33:27)이 "영원무궁 하도록"(출 15:18) 그들을 다스리실 새로운 삶이 기다리고 있었다. 모세는 이를 알고 히브리 민족에게 그들의 하나님이자 왕이신 여호와에 대해 상기시켰다.

모세 시대 이후 여러 세기가 지나고, 이스라엘 백성은 하나님이 자기들의 왕이 되시는 것을 거부하고 세상에 있는 다른 나라와 같아지려고 세상 통치자를 요구했다(참조. 삼상 8). 그리고 그들은 자기들의 왕이 오고 가는 것을 지켜보았다. 그렇게 이스라엘 백성은 고통과 비탄 속에, 세상의 어떤 통치자도 장기적인 안전이나 번영을 줄 수 없다는 사실을 배웠다.

오늘날 우리가 사는 세상에는 부패한 지도자가 흔하다. 심지어는 가장 훌륭하다는 지도자조차도 불완전하고 오래 버티지 못한다. 그래서 우리는 더욱 하나님이 만왕의 왕이시라는 사실을 기억해야 한다.

하나님이 선하시므로, 하나님의 다스리심도 선하다. 하나님은 지혜로우시므로, 실수하지 않으신다. 하나님이 주권자이시기에, 우리는 하나님의 통제를 벗어난 사건은 절대로 일어나지 않을 것을 신뢰할 수 있다. 그리고 하나님이 **영원**하시므로, 우리는 하나님이 지혜롭지 않거나 선하지 않은 다른 지도자에게 권력을 넘겨주실까 봐 두려워할 필요가 없다.

영원하신 만왕의 왕은 언젠가 공개적이고 물리적이며 실제적이고 보편적인 방식으로 모든 것을 다스리실 것이다. 그때까지 우리는 영원하신 하나님이자 왕이신 여호와를 우리 삶의 영원한 영적 통치자로 모실 수 있다.

그리스도인의 진정한 시민권은 하늘에 있다. 그리스도인은 영원한 나라의 왕을 섬긴다.

하나님을 영원한 왕으로 생각하기가 어려운가? 그렇거나 그렇지 않은 이유는 무엇인가?

고백의 기도 ㅣ 영원하신 왕께 감사를 드립니다. 저의 삶과 이 세상에 대한 주님의 다스리심이 절대로 끝나지 않음을 감사합니다. 언제나 공정하게, 진실하게, 사랑으로 다스리시는 주님을 찬양합니다. 아멘.

더 깊은 묵상 ㅣ 시 29:10; 요 18:36

53

알파와 오메가

처음과 마지막

"또 내게 말씀하시되 이루었도다 나는 알파와 오메가요 처음과 마지막이라 내가 생명수 샘물을 목마른 자에게 값없이 주리니"(계 21:6).

히브리 선지자 이사야는 하나님이 태초에, 즉 "처음에도" 계셨고, "나중"에도 계실 것이라고 썼다(사 41:4). 다시 말해 하나님은 역사의 북엔드, 곧 시작과 끝이시다. 영원한 것이 하나도 없고 모든 것이 끊임없이 변하는 세상에서 이 사실이 얼마나 위로가 되는지 모른다! 세상을 시작할 때 만물을 감독하신 하나님은 완성할 때도 감독자가 되실 것이다.

성경은 하나님의 주권과 능력의 범위를 벗어나서 일어나는 일은 단 하나도 없다고 강조한다. 하나님의 허락 없이는 그리고 하나님의 인가 없이는 어떤 일도 일어나지 않는다. 아무것도 만물을 온전하게 회복하시려는 하나님의 영원한 계획을 좌절시킬 수 없다.

이처럼 주님이 "알파와 오메가"이시라고 말하는 것은 근본적으로 이런 뜻이다. 만약 인간의 실존이 영화라면, 그 영화 제작에 참여한 명단에는 하나님이 창안자와 작가, 제작자, 감독, 주연 배우이실 것이다. 무엇보다 하나님은 저자로서 궁극적인 권한을 가지신다.

성경 마지막 책에 나오는 역사의 종말에서 예수님은 이렇게 말씀하셨다. "나는 알파와 오메가라 이제도 있고 전에도 있었고 장차 올 자요 전능한 자라"(계 1:8). **알파**와 **오메가**는 헬라어 알파벳의 첫 글자와 마지막 글자다. 이 문구를 사용해 예수님은 이렇게 말씀하신다. "내가 이야기의 전말이다. 나는 창조의 하나님이요, 구약의 하나님이다. 이사야가 말한 바로 그 하나님이다. 나는 태초부터 여기에 있었고, 언제나 여기에 있을 하나님이다."

오늘 당신의 삶에 무슨 일이 일어나고 있든지, 당신이 붙잡을 수 있는 사실이 여기에 있다. 곧 알파와 오메가이신 하나님이 이 세상의 결말뿐만 아니라 당신 삶도 세세하게 통제하신다. 하나님은 당신의 이야기와 그분의 이야기가 어디로 가는지 알고 계시며, 어떤 것도 하나님의 선한 의도와 완전한 뜻을 바꿀 수 없다.

알파와 오메가이신 하나님은 과거에 시달리시거나 미래를 걱정하지 않으신다.

"온 세상이 하나님의 손안에" 있다는 생각은 오늘 당신의 기분과 행동에 어떤 영향을 미치는가?

고백의 기도 | 알파와 오메가이신 하나님, 주님은 만물보다 먼저 계셨으며 만물의 마지막이십니다. 주님은 창세기 처음 구절부터 요한계시록 마지막 구절까지, 예수 그리스도의 인격을 통해 나타나십니다. 주님은 창조되지 않으시고 무한하시며 영원하시니, 주님을 찬양합니다! 아멘.

더 깊은 묵상 | 사 44:6; 48:12; 계 22:13

54

바라

창조자

"너는 알지 못하였느냐 듣지 못하였느냐 영원하신 하나님 여호와, 땅 끝까지 창조하신 이는 피곤하지 않으시며 곤비하지 않으시며 명철이 한이 없으시며"(사 40:28).

성경의 첫 문장은 하나님을 **창조자**로 소개한다. "**베레쉬트 바라 엘로힘**"(태초에 하나님이 천지를 창조하시니라). 그러나 전능하신 하나님과 피조물의 관계는 분명히 그 첫 페이지에서 끝나지 않는다. 사실 하나님은 자신과의 관계를 위해 우리를 창조하셨기 때문이다. 우리는 하나님의 작품을 통해서 이러한 하나님의 마음을 알 수 있다.

예술가의 작품을 자세히 살펴보면 그 예술가에 대해 많은 것을 알 수 있듯이, 하나님이 만드신 우주를 연구하면 하나님에 대한 큰 통찰을 얻을 수 있다. 사도 바울은 하나님이 우리가 자연을 통해 하나님을 생생하게 엿볼 수 있게 하셨다고 썼다. "창세로부터 그의 보이지 아니하는 것들 곧 그의 영원하신 능력과 신성이 그가 만드신 만물에 분명히 보여 알려졌나니 그러므로 그들이 핑계하지 못할지니라"(롬 1:20).

눈을 뜨라! 주위를 둘러보라! 앉아서 주의를 기울이라! 자연은 하나님의 초자연적인 성품에 대해 끊임없이 이야기한다. 광활한 초원과 밤하늘의 광대함은 하나님의 크심을 말해 준다. 웅장한 폭포와 토네이도, 거대한 허리케인, 폭발하는 화산은 하나님의 놀라운 권능을 암시한다.

미생물학자와 해양학자와 물리학자가 매일 발견하는 것들은 하나님의 지혜와 복잡성과 창조성에 대한 풍부한 해설을 제공한다.

동물의 세계에서도 같은 창의성과 사랑을 볼 수 있다. 암탉이 병아리를 보호하고 돌보는 모습은 우리 하늘 아버지의 마음을 엿보여 준다. 장난치는 새끼들을 향한 암사자의 애정은 하나님의 은혜와 인내를 연상시킨다. 무엇보다 인간의 놀라운 능력과 업적은 말로 형용할 수 없이 놀라운 설계자이신 하나님께 주목하게 한다. 우리는 거울 속에서 그리고 이웃에게서 우리를 지으신 분의 흔적, 즉 창조성과 공동체에 대한 갈망, 변화를 만들어 내려는 열망을 본다.

당신이 창조자를 정말 알고 싶다면, 가장 먼저 가장 자연스럽게 살펴볼 수 있는 것은 그분의 창조물이다.

오늘 당신의 주변에서 창조자 하나님을 배울 수 있는 것은 무엇인가?

고백의 기도 | 전능하신 창조자 하나님, 주님이 지으신 세상과 사람들을 통해 하나님을 보게 하시니 감사합니다. 이를 통해서 주님에 대한 저의 이해와 사랑이 자라게 도와주옵소서. 아멘.

더 깊은 묵상 | 시 19:1-6; 전 11:5

55

엘 올람

영원하신 하나님

"아브라함은 브엘세바에 에셀 나무를 심고
거기서 영원하신 하나님 여호와의 이름을 불렀으며"(창 21:33).

가업이 다음 세대로 이어지든, 더 큰 기업이 인수하든 회사의 소유주는 결국 바뀐다. 그리고 이런 과정은 일반적으로 불확실성을 초래한다. 때로는 이런 전환의 여파로 기업이 도산하거나 몰라보게 달라진다. 이는 아무리 탄탄하더라도 영원한 사업은 없다는 사실을 상기시켜 준다. 브랜드도 나타났다가 사라진다. 언젠가는 애플도 아마존도 구글도 존재하지 않을 것이다.

그러나 위대한 하나님은 예외이시다. 말하자면, 하나님은 영원 무궁히 다스리시는 유일한 CEO이시다. 그리고 하나님 나라는 절대로 끝나지 않을 유일한 실체다. 이는 하나님이 **엘 올람**이시기 때문이다. **올람**은 히브리어로 '**영원한**', '**영구한**', '**끝없는**'을 뜻한다. 하나님은 시간과 변화에 영향을 받지 않으신다. 영원하신 하나님은 자신의 주식을 현금화해서 다른 사람에게 넘겨주는 일이 절대로 없으시다.

영원하신 하나님의 위대한 점은, 하나님이 영원한 약속을 맺으실 수 있다는 것이다! 하나님은 노아와 영구한 언약을 맺으셔서 다시는 온 땅을 홍수로 멸하지 않겠다고 하셨다(창 9:11). 하나님은 아브라함과도 영원한 언약을 맺으셨는데, 그분이 영원히 아브라함 자손의 하나님이 되시겠다고 하셨다(창 17:7).

엘 올람은 예수 그리스도를 믿는 자들에게 그들이 영원히 새롭고 참된 영적 생명을 누릴 것이라는 번복할 수 없는 약속을 하신다(히 9:15). 오직 **엘 올람**, 영원하신 하나님만이 그런 대담한 약속을 하실 수 있다. "이스라엘의 왕인 여호와, 이스라엘의 구원자인 만군의 여호와가 이같이 말하노라 나는 처음이요 나는 마지막이라 나 외에 다른 신이 없느니라"(사 44:6).

하나님이 영원하시므로 우리의 구속이 확실하다. 우리의 구원이 끝까지 보장된다. 하나님은 언젠가 최고 입찰자에게 매각할 사업체를 운영하시는 것이 아니기 때문이다.

우리의 미래가 확실하고 안전한 이유는 우리가 영원하신 하나님을 섬기기 때문이다.

하나님의 영원성은 어떤 면에서 당신에게 담대함을 주는가?

고백의 기도 | 영원하신 하나님 아버지, 영원의 의미를 조금이나마 알게 하시니 감사합니다. 주님이 저를 영원히 구원하시겠다고 약속하시는 영원하신 하나님이심을 감사드립니다. 아멘.

더 깊은 묵상 | 시 90:1-2; 전 3:11; 사 40:28

56

바실류스 바실레온

만왕의 왕

"그 옷과 그 다리에 이름을 쓴 것이 있으니 만왕의 왕이요 만주의 주라 하였더라"(계 19:16).

전설에 따르면 아서 왕은 영주와 기사가 서로 동등하게 인식하게 하려고 원탁에서 그들을 만났다고 한다. 이런 개념은 고대에 그치지 않는다. 오늘날 유엔은 모든 나라 사람이 동등하다고 느끼도록 규칙을 마련하고 심지어 좌석 배치도 정해 놓는다. 그래서 가장 작은 나라도 가장 강력한 나라와 마찬가지로 큰 목소리를 낼 수 있도록 격려한다. 적어도 이론상으로는 어떤 나라도 다른 나라보다 더 우대받지 않는다. 어떤 나라도 다른 나라 위에 군림하지 못한다. 어떤 왕도 다른 왕을 지배하지 못한다.

그러나 하나님은 예외이시다. 성경에 따르면 하나님은 만왕의 왕이시다. 하나님은 만물을 다스리시는 최고 지도자이시다. 하나님은 필적할 상대가 없으시다. 우주 통치에는 민주적인 투표가 없고, 하나님은 회의에서 우리 옆이 아닌, 우리 위의 보좌에 앉으신다. 세계 곳곳의 주권이 하나님께 있으므로, 하나님의 뜻은 언제나 법이다.

이것이 성경이 선언하는 내용이다. 하지만 솔직히 말해서, 언제나 그렇다고 **느껴지지** 않는다. 그렇지 않은가? 세상을 보면 자기가 원하는 대로 하는 지도자를 볼 수 있다. 그들은 누구에게도 복종하지 않는 것처럼 보인다. 섬뜩하게 위협하고 공허한 약속을 한다.

한편 하나님은 침묵하시는 것처럼 보이고, 때로는 수동적이신 것처럼 보이기도 한다. 왜 그럴까? 하나님은 신하들을 세세히 통제하시는 독재자가 아니시기 때문이다. 또한 지금은 하나님이 대개 영적으로 통치하시며, 하나님 나라가 보이지 않기 때문이기도 하다. 지금은 만왕의 왕께서 지상의 지도자와 나라와 개인에게 많은 자유를 주신다.

그러나 하나님은 자유와 함께 약속도 주셨다. 곧 하늘이 열리고 주님이 가시적이며 육체적으로 다스리시기 위해 이 땅에 강림하실 날이 틀림없이 올 것이라는 약속이다. 그날에는 책임자가 누구인지, 통치권이 누구에게 있는지 혼동하지 않을 것이다. 모두가 만왕의 왕께 자기 일을 보고하게 될 것이다.

만약 뉴스를 보거나 인터넷을 검색하면서 세상의 혼돈과 불안에 고개를 내젓고 있다면, 실상은 보이는 것과 다르다는 사실을 기억하라.

우리 하나님이 만왕의 왕이시다. 하나님은 우리를 포함한 온 세상을 선한 손길로 붙잡고 계신다.

하나님이 만왕의 왕이시라는 사실을 생각하면 현재의 정치 사건을 바라보는 당신의 시각이 어떻게 변하는가?

고백의 기도 | 만왕의 왕이신 하나님, 독재자와 폭군이 가득한 세상에서 주님이 만왕의 왕이시며 승리하신 만물의 통치자이심을 찬양합니다. 아멘.

더 깊은 묵상 | 시 72:11; 딤전 2:1-2

57

엘 깁보르

전능하신 하나님

"그의 이름은 기묘자라, 모사라, 전능하신 하나님이라, 영존하시는 아버지라, 평강의 왕이라 할 것임이라"(사 9:6).

성경은 소수의 사람을 묘사할 때만 **깁보르**('강한', '전능한', '용사')라는 형용사를 사용한다. 그 예로 "용사"라고 불린 니므롯과(창 10:8-9) 놀라운 공훈을 세운 다윗왕의 "용사들"이 있다(삼하 23:8).

그러나 '강하다'라는 개념은 하나님께 붙일 때 의미가 가장 충만해진다. **엘 깁보르**이신 하나님은 최고의 신, 슈퍼히어로이시다. 강함에서 하나님과 비교할 수 있는 것은 아무것도 없다.

하나님이 **엘 깁보르**이시므로, 우리는 우리의 창조주가 잠재적인 결과를 기다리면서 손을 비비며 초조해하시거나 손을 놓고 계시는 모습을 결코 볼 수 없을 것이다. 선거? 법원 판결? 입법 논쟁? 불안한 지역의 전쟁? **엘 깁보르**는 걱정하지 않으신다. 그분은 전능하시기 때문이다. 그분은 일이 어떻게 전개될지 조바심을 내거나 궁금해하지 않으신다. 그저 일이 일어나게 하신다. 그분은 세상 사건들로 인해 절대로 놀라지 않으신다.

이것이 우리에게 의미하는 바는, 우리가 어떤 상황에서나 하나님의 능력을 신뢰할 수 있다는 것이다. 죄와 죽음을 이기신 분은 우리를 대적하는 온갖 강력한 적을 물리치실 수 있으시다. 언젠가 모든 피조물이 우리의 전능하신 주님의 발아래 겸손히 절하게 될 것이다(빌 2:10).

오늘 당신이 전능하신 하나님의 일하심을 보아야 할 곳은 어디인가?

고백의 기도 ㅣ 하나님, 주님이 전능하신 하나님이심을 제가 기억하게 해 주옵소서. 저의 삶 가운데 약한 그곳에서 주님의 강하심을 보여 주시옵소서. 아멘.

더 깊은 묵상 ㅣ 욥 36:5; 시 50:1

58

쭈르

반석

"그는 반석이시니 그가 하신 일이 완전하고 그의 모든 길이 정의롭고 진실하고 거짓이 없으신 하나님이시니 공의로우시고 바르시도다"(신 32:4).

신명기의 이 말씀은 성경에서 처음으로 하나님을 "반석"이라고 부른다. 모세는 생애 마지막에 이 말을 하면서, 이스라엘의 다음 세대에게 하나님의 신실하심을 선포했다. 이에 더해 이스라엘 백성과 그들의 조상이 하나님으로부터 돌아서서 다른 신을 믿었을 때도, 유일하신 참 하나님은 그들을 변함없이 사랑하셨다는 사실을 상기시켰다.

성경에서는 하나님을 "반석"이라고 부를 때, **엘 셀리**(나의 반석)와 **엘 쭈르**(그 반석)라는 두 가지 히브리어 단어를 사용한다. 두 호칭은 모두 하나님의 불변하는 성품을 가리키지만, 차이가 있다.

"나의 반석"으로서 하나님은 개인이 삶을 세우는 기초이시다. 당신이 하나님을 "나의 반석"이라고 부르는 것은 "하나님은 삶의 폭풍을 피할 나의 피난처, 은신처이십니다. 나의 하나님, **나의 반석**이 흔들리지 않으시므로, 하나님 안에서 나의 위치도 흔들릴 수 없으며, 궁극적인 안녕도 절대로 위협받지 않습니다."라고 말하는 것이다.

그러나 하나님은 개인적인 하나님 그 이상이시다. 그런 면에서, 하나님은 또한 우주의 **그 반석**이시다. 그분은 피조 세계의 기초이시다. 물리학 법칙에서 변하지 않는 도덕법까지, 모든 것이 확고부동한 이유는 하나님이 모든 실재의 영구하고 변하지 않는 기초이시기 때문이다.

히브리서 13장 8절은 주님이 어제나 오늘이나 내일이나 동일하시다고 확언한다. 하나님의 성품은 변하지 않는다. 하나님의 사랑은 흔들리지 않으며, 하나님의 기준도 마찬가지다. 어제 옳고 틀렸던 것은 내일도 여전히 옳고 틀린 것일 것이다. 천국은 유행이나 최신 경향을 따르지 않는다. 하나님의 기준은 바위같이 확실하며 시대를 초월한다.

하나님이 "반석"이시라는 사실은 우리 안에 온건한 두려움을 그리고 또한 깊은 위로를 불러일으킨다. 하나님의 절대적인 안정성 덕분에, 우리는 우리에 대한 하나님의 사랑을, 예수님을 통한 구원의 약속을 확신하고 기대할 수 있다.

만약 아직 그렇지 않다면, **그 반석**을 **당신의** 반석으로 삼으라. 아무것도 그분을 이기지 못할 것이다. 아무것도 그분을 꺾지 못할 것이다. 아무것도 그분을 바꿀 수 없을 것이다. 우리는 이 진리를 의지할 수 있다. 우리는 '그 반석'을 의지할 수 있다.

당신은 유일하게 흔들리지 않고 변하지 않는 분, 반석이신 하나님을 신뢰하는가?

고백의 기도 | 반석이신 하나님, 주님이 "나의 반석"이실 뿐만 아니라 또한 가시적이고 비가시적인 우주의 확고한 기초이신 "그 반석"이심을 아는 데서 안전을 찾게 하옵소서. 아멘.

더 깊은 묵상 | 시 40:1-2; 마 7:24-27

59

아비르 야아코브

야곱의 전능자

|

"요셉의 활은 도리어 굳세며 그의 팔은 힘이 있으니
이는 야곱의 전능자 이스라엘의 반석인 목자의 손을 힘입음이라"(창 49:24).

당신은 포드 자동차의 모델 T가 모든 경쟁사를 제치고 자동차 업계를 지배했던 때를 기억하는가? 다국적 유통업체 시어스의 새로운 카탈로그가 새로운 아이폰 출시만큼이나 중대 사건이었던 때도 있었다. 또 인터넷 익스플로러가 유일한 웹 브라우저였고 아무도 구글 검색을 하지 않았던 때도 있었다.

요점은 분명하다. 인기 있는 제품은 있다가 사라진다. 우리는 강력한 기업이나 제품이 떠올랐다가 차세대 기술과 리더십이 그 자리를 차지하면서 희미하게 사라지는 것을 목격한다. 우리는 그런 존재들을 강하다고 하지만, 실제 권력 앞에서는 아무것도 아니다.

위대한 유대인 족장 야곱은 눈을 감기 전, 하나님을 **아비르 야아코브**라고 불렀다. **아비르**는 하나님을 가리키는 오래된 시적 이름인데, '강한 자'를 의미한다. 만약 지금 야곱이 직접 말할 수 있다면, 의심할 여지 없이 하나님의 한없는 강력함은 세상 기업이나 지도자의 강함과 극명히 대조된다고 말할 것이다. 하나님은 영원히 지배적인 힘이시며, 영원 무궁히 궁극적인 권위이시다. 아멘.

하나님의 힘은 유행이나 대중의 의견, 소비자의 변덕에 좌우되지 않는다. 패션과 문화는 하나님의 능력을 조금도 달라지게 하지 못한다. 아담 시대에도 하나님은 전능하셨다. 노아와 아브라함 시대에도 하나님은 전능하셨다. 하나님의 전능하심은 이사야와 예레미야와 말라기 시대에도 변함없었다. 그리고 하나님의 전능하신 능력은 빌 게이츠와 애플과 아마존의 시대인 지금도 무한히 유지된다.

위대한 제품들은 있다가 사라진다. 권력도 일어났다가 몰락한다. 오직 하나님과 하나님의 전능하신 능력만이 영원히 남는다.

우리는 이 사실을 확신할 수 있으며, 다른 모든 것이 사라져도 야곱의 전능자가 남아 계실 것을 염려하지 않고 확신할 수 있다.

최근 어니에서 하나님이 선능하신 능력으로 역사하는 것을 보았는가?

고백의 기도 ｜ 야곱의 전능자이신 하나님, 제가 좋아하는 브랜드와 물건과 유명인이 있습니다. 세상의 매력적이고 강력한 것들과 주님의 진정한 힘을 구별할 수 있게 해 주옵소서. 아멘.

더 깊은 묵상 ｜ 시 132:2; 사 29:23

60

로 샤 나

불변자

"나 여호와는 변하지 아니하나니
그러므로 야곱의 자손들아 너희가 소멸되지 아니하느니라"(말 3:6).

이 세상에는 변하지 않는 것이 없다. 우리가 어렸을 때 좋아했던 브랜드 대부분이 오늘날 여전히 존재한다 해도 전과 다르다. 유명한 햄버거 체인점이 이제는 샐러드를 판매한다. 케이블 방송가 이제는 전화 서비스를 제공한다.

우리는 키가 더 크거나 작아지고, 살이 찐다. 머리카락은 하얗게 변하거나 빠지기도 한다. 운동 능력과 정신 능력이 떨어진다. 식스팩 복근이 뱃살로 바뀐다. 얼굴에는 주름살이 생기고, 이가 빠진다. 가장 소중한 관계도 변한다. 친한 친구가 멀리 이사하거나, 아이들이 성장해 떠나간다.

변함없는 사실은 모든 것이 변한다는 것이다. 하나님만 빼고 모든 것이 변한다. 오직 하나님만이 변하지 않으신다. 하나님은 이미지를 쇄신하지 않으신다. 하나님은 발전하지 않으신다. 늙지도 쇠약해지지도 않으신다. 이사하지도 않으신다. 하나님은 어제나 오늘이나 영원히 동일하시다.

이렇게 우리 삶의 모든 것이 변하는 상황에서, 하나님이 변하지 않으신다는 사실은 우리에게 커다란 위로를 준다. 하나님은 창조 때나 오늘날이나 똑같으시다. 얼마나 안정감을 주는가!

하나님의 본질이 변하지 않으신다는 사실은 변화무쌍한 세상에서 어떻게 당신에게 확신과 안정감을 주는가?

고백의 기도 | 불변하시는 하나님, 주님이 어제나 오늘이나 내일이나 영원히 동일하심을 찬양합니다. 저의 변함없는 안전과 기초가 되어 주셔서 감사합니다. 아멘.

더 깊은 묵상 | 민 23:19; 약 1:17

7부

우리의 심판자이신 하나님

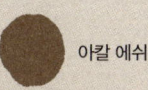
아칼 에쉬

파라클레토스

사네

여호와 마케

짜디크

**하나님은
의롭고 공의로우시다.**

여호와 찌드케누

샤파트

아도나이 토브

바알

엘 나탄 네카마

61

아칼 에쉬

소멸하는 불

"네 하나님 여호와는 소멸하는 불이시요 질투하시는 하나님이시니라"(신 4:24).

거대한 들불처럼 맹렬한 불길을 맞닥뜨리면 피할 곳이 없다. 뛰어난 진화 장비도 그런 불 앞에서는 무력해진다. 따라서 하나님이 자신을 "소멸하는 불"이라고 묘사하실 때, 우리는 주의를 기울이지 않을 수 없다. 이 말은 무슨 뜻일까? 왜 이런 말씀을 하셨을까?

하나님은 자신을 소멸하는 불이라고 알리실 때, 그분의 백성에게 **오직 자신만 섬길 것을** 요구하셨다. 그리고 "질투의 하나님"이라는 이름도 알려 주셨다(출 34:14). 하나님은 우리가 무언가를 얻기 위해 하나님을 이용한 뒤, 돌아서서 다른 것에 마음을 기울여도 괜찮다고 말씀하지 **않으신다.** 하나님은 자신을 위해 우리를 원하시는데, 이는 그분이 불완전하거나 궁핍하셔서가 아니라, 피조물이 완전하신 창조주를 거부하고 그보다 못한 것을 택하는 것은 터무니없고 불합리하기 때문이다.

그러나 우리는 모두 죄인이다. 하나님을 외면하고 다른 곳에서 구원과 만족을 찾는다. 성경에 불과 관련된 이미지가 가득한 이유도 이 때문이다. 하나님은 거룩하셔서 **반드시** 죄를 심판하셔야 한다. 불은 일반적으로 심판을 상징하는데, 그래서 우리는 구약 곳곳에서 반역한 사람들이 말 그대로 불에 타는 심판을 당하는 것을 본다(참조. 레 10:2; 민 11:1; 신 9:3; 왕하 1:10-14).

하나님이 "소멸하는 불"이시라는 사실은 그리스도가 아니었다면 끔찍한 소식이었을 것이다. 예수님은 십자가에서 죄에 대한 하나님의 의로운 심판인 완전한 진노를 감당하시고, 우리가 받을 불의 형벌을 대신 받으셨다. 그 결과 예수님을 믿는 사람들은 심판의 불을 더는 걱정하지 않게 되었다. 그리스도 안에서 우리는 죄 사함을 받았다.

신자들에게 하나님은 다른 소멸하는 불, 바로 **정화하는** 불이시다. 하나님은 우리를 구원하실 때, 우리의 죄와 죄책을 소멸하신다. 그리고 남은 생애 동안 성령님을 통해, 금을 정련하는 과정에 불순물을 태우듯이 우리를 정화하시고 변화시키신다. 우리는 구약 성경에서 하나님이 이스라엘 진영에 있는 반역의 무리를 극적으로 제거하시는 장면에서도 이런 모습을 볼 수 있다(민 16).

이는 선택의 문제다. 하나님을 그리스도 안에서 우리의 죄와 죄책을 태워 버리시는 소멸하는 불로 믿을 것인가, 아니면 그리스도를 반역하고 거부함으로 하나님의 심판으로써의 소멸하는 불을 겪을 것인가?

어떤 말씀이 하나님이 소멸하는 불이시라는 사실을 다시 상기시키는가?

고백의 기도 | 소멸하는 불이신 주님이 제 삶에 필요합니다. 저를 방해하고 저지하는 불완전한 것들이 있습니다. 제힘으로는 그것들을 없앨 수 없습니다. 오직 주님의 정련하는 불로만 그것들을 제거할 수 있습니다. 아멘.

더 깊은 묵상 | 사 30:27-30; 히 12:28-29

샤파트

사사

"주께서 이같이 하사 의인을 악인과 함께 죽이심은 부당하오며
의인과 악인을 같이 하심도 부당하니이다
세상을 심판하시는 이가 정의를 행하실 것이 아니니이까"(창 18:25).

히브리 민족의 역사에는 위대한 **사사**들이 가득하다. 사무엘과 삼손, 기드온, 드보라라는 이 놀라운 사람들은 법복을 입고 의사봉을 들고 법정을 주재하지 않았다. 사사의 직무는 달랐다. 이들은 백성을 다스리고, 보호하며, 인도하고, 억울함을 풀어 주고, 구원하며, 재판하는 일을 위해 부름을 받았다.

구약에서 **사사**라는 단어는 통치자나 율법 수여자나 재판관으로 일하는 것을 의미하는 히브리어 단어에서 나왔다. 다시 말해 성경에서 사사라고 불린 지도자들은 정부의 세 가지 기능, 즉 행정과 입법, 사법의 기능을 모두 수행했다.

이런 의미에서 성경은 하나님을 사사(심판하시는 이, 개역개정)라고 부른다. 하나님은 다스리시고, 인도하시며, 구원하시고 건져 내신다. 이로써 우리는 하나님이 모든 것을 바로잡으실 것을 확신할 수 있다.

- 하나님은 존경받으셔야 하는가? 그렇다. 하나님은 지고하시며, 만물을 다스리신다.

- 하나님은 신뢰받으셔야 하는가? 그렇다. 하나님은 지혜로우시며, 하나님의 도는 우리를 생명으로 인도한다.
- 하나님은 경외를 받으셔야 하는가? 그렇다. 하나님은 반드시 정의와 공의를 실현하신다.

이런 모든 이유로 우리는 하나님을 사랑하고 경배한다. 그리고 하나님은 자기 백성을 보호하고 돌보신다.

오늘 당신의 삶에는 무엇이 필요한가? 당신의 삶이 통제를 벗어나지 않았다는 사실을 상기하는 것이 필요한가? 무의미해 보일지라도 옳은 일을 지속하게 하는 격려가 필요한가? 결국 공의가 승리할 것이라는 새로운 희망이 필요한가?

하나님이 우리의 사사이시다. 하나님은 공평하게 다스리신다. 지혜롭게 인도하신다. 신실하게 공의를 시행하신다. "세상을 심판하시는 이가 정의를 행하실 것이 아니니이까?"

당신은 우리의 의로운 사사이신 하나님이 언젠가 모든 일을 바로잡아 주실 것을 어떻게 기대하는가?

고백의 기도 | 사사이신 주님, 주님은 언제나 모든 면에서 공의로우시며 공평하십니다. 억압당하는 이들을 위해 기도합니다. 주님이 그들에게 속히 공의를 베풀어 주시기를 간구합니다. 아멘.

더 깊은 묵상 | 시 9:8, 16; 사 11:3

바알

남편

"이는 너를 지으신 이가 네 남편이시라
그의 이름은 만군의 여호와이시며 네 구속자는 이스라엘의 거룩한 이시라
그는 온 땅의 하나님이라 일컬음을 받으실 것이라"(사 54:5).

우리가 하나님의 성품을 이해하도록 돕기 위해, 성경 저자들은 일상적인 사물과 이미지를 많이 활용한다. 예를 들어 우리는 커다란 바위를 본 적 있고, 아버지가 무엇인지 안다. 따라서 성경이 하나님을 **바위**에 비유하거나 **아버지**라고 부를 때 그런 경험에 의지할 수 있다.

이사야도 그렇다. 이스라엘 백성이 하나님을 배반한 일에 대해 말할 때(사 54), 이사야는 하나님을 이스라엘의 **남편**이라고 불렀다. 이러한 비유는 하나님이 언약 백성에게 원하시는 배타적인 친밀감을 나타낸다. 비록 성경이 '바알'이라는 말을 가나안의 이방 신과 부정적으로 연결하긴 하지만, 히브리어 **바알**은 사실 '주', '주인', '남편'을 뜻한다.

그런데 남편이신 하나님이라니? 남성은 보통 신부로 비유되기를 썩 좋아하지 않는다. 부정적인 결혼 경험이 있는 여성도 이 특별한 비유에 움찔한다. 그러나 하나님과 이스라엘과의 관계가 보여 주듯이, 하나님은 그분이 사랑하시는 자들에게 남편과 같은 이가 되고 싶어 하신다.

이 이미지를 제대로 이해하려면, 불완전한 세상 너머를 보고, 하나님은 완벽하시다는 사실을 기억해야 한다. 완벽한 남편은 어떤 모습일지

생각해 보자. 그는 희생적이고, 섬기는 마음과 인내심이 있으며, 지지해 주고, 긍정적이며, 힘을 실어 주고, 용서하며, 신뢰할 만하고, 의지할 만하며, 신실하고, 사려 깊으며, 열정적이고, 동정심이 많으며, 보호해 주는 사람이다. 그리고 아내와 시간을 보내고 싶어 하며, 아내를 알고 싶어 한다. 아내의 성장과 성공, 재능과 은사에 관심을 기울이며, 너무 피곤하거나 바빠서 대화를 나누지 못하는 법이 절대로 없다. 그는 아내를 돌보고, 아내의 안전을 지키기를 원한다. 아내를 소중히 여기며, 아내가 자아를 실현하도록 도와주고 싶어 한다.

완벽한 결혼을 상상해 보라. 그런 결혼은 부부에게 놀라운 기쁨과 목적, 평화와 충족을 준다. 남편과 아내의 결합을 뛰어넘어, 사랑이 흘러넘쳐 주변 모든 사람을 복되게 한다. 그런 사랑은 세상을 변화시킨다.

복음은 만약 당신이 그리스도를 믿으면, 당신은 다른 신자들과 함께 그리스도의 "신부"가 되고, 영원히 기억될 결혼식을 하게 될 것이라고 말한다(계 19:7-9).

기꺼이 희생해 자신의 삶을 당신의 삶과 결합하시는 거룩하신 남편과 **함께** 삶을 누리라. 그분께 신실하라.

하나님을 완벽한 남편이라고 상상하면 어떤 모습이 생각나는가?

고백의 기도 | 남편이신 하나님, 주님이 주님의 백성에게 원하시는 관계가 제가 세상에서 경험할 수 있는 어떤 관계보다 더 친밀하고 위대함에 감사를 드립니다. 저를 향한 주님의 사랑을 기뻐합니다. 아멘.

더 깊은 묵상 | 사 62:5; 호 2:16

64

여호와 마케

때리시는(훈육하시는) 여호와

"내가 너를 불쌍히 여기지 아니하며 긍휼히 여기지도 아니하고
네 행위대로 너를 벌하여 너의 가증한 일이 너희 중에 나타나게 하리니
나 여호와가 때리는 이임을 네가 알리라"(겔 7:9).

훈육은 **훈련**의 또 다른 표현으로, 개인이나 팀, 가족, 군대, 학급 등에서 최상의 결과를 끌어 낼 수 있는 환경을 조성하기 위해 기대와 요구 사항, 결과를 명확하게 설정하고 따르는 것이다.

훌륭한 부모가 아이를 훈련하기 위해 가치를 가르치고 지혜를 전하며 경계를 설정하고 잘못된 행동을 바로잡듯이, 성경은 하나님이 자기 자녀를 훈육하신다고 말한다. 하나님은 우리를 훈련하신다. 이런 훈육은 고통스러워 보이지만(히 12:11), 우리가 더 나은 사람으로 성장할 수 있는 유일한 방법이다.

체육관에서 시간을 보내야 한다고 코치에게 짜증을 내는 선수는 근시안을 가졌다. 그런 선수는 코치가 선수에게 최선이 무엇인지 염두에 둔다는 사실을 깨닫지 못한 것이다. 훨씬 더 큰 차원에서, 하나님은 우리에게 최선이 무엇인지 염두에 두신다. 하나님은 우리가 실패하기를 원하지 않으신다. 하나님은 그분의 영광을 위해, 세상의 유익을 위해, 우리가 경건함에서 성장하도록 우리를 훈육하신다.

하나님이 자기 자녀를 훈육하시는 것을 본 적이 있는가? 그 방법은 무엇인가?

고백의 기도 | 하나님, 저를 훈육하시는 주님의 은혜에 감사합니다. 주님이 제 삶을 더 아름답게 빚어 주신다는 것을 기억하게 해 주옵소서. 주님을 더욱 신뢰하게 도와주시옵소서. 아멘.

더 깊은 묵상 | 잠 12:1; 히 12:5-11

엘 나탄 네카마

나를 위하여 보복하시는 하나님

"이 하나님이 나를 위하여 보복하시고 민족들이 내게 복종하게 하시며"(삼하 22:48).

다윗은 배신을 많이 겪었다. 그가 충성스럽고 탁월하게 섬긴 사울왕은 수년 동안 그를 **죽이려고** 추격했다! 생애 마지막에는 다윗의 아들이 왕좌를 찬탈하려고 했다. 이처럼 다윗이야말로 복수할 근거를 가진 사람이었다. 그러나 다윗은 복수가 하나님께 속한다는 사실을 알았다. 그는 하나님이 "나를 위하여 보복"하신다는 것을 믿었다.

부당한 대우로 인해 고통을 느낄 때 씩씩대며 화를 내고 큰 소리로 불평하며 자기 연민에 빠지는 것은 자연스러운 일이다. 우리는 해명과 사과와 보상을 요구한다. 심리를 분석하고 동기를 추론한다. "*이게 다 엄청난 오해는 아닐까? 그녀가 내게 상처를 주는 것은 그녀도 상처받고 있기 때문일까? 아냐! 그냥 악의가 있었던 거야!*" 우리는 이내 상처를 준 사람에게 생각이 쏠리고 그들도 똑같은 고통이나 더 심한 고통을 느끼기를 바란다.

오직 하나님만이 사람의 마음을 객관적으로 보신다. 또한 하나님은 각 사람에게 그에 상응하는 보상을 약속하셨다. 하나님께 숨겨진 것은 아무것도 없으며, 우리는 이 진리를 신뢰할 수 있다. 어떤 일을 행하고,

특히 하나님의 자녀에게 상처를 주고도 "그냥 모면할" 수 있는 사람은 아무도 없다.

스스로 보복하려는 것은 사실상 우리가 하나님보다 더 잘할 수 있다고 말하는 것이다. 그러나 당연히 그렇지 않다. 우리는 완벽하게 지혜롭지 않고, 완전히 공정하지 않으며, 온전히 순수하지 못하다. 우리가 생각해 낼 수 있는 보복은 어떤 것이든 일시적으로는 선하다고 **느낄** 수 있지만, 영원히 선하지는 않을 것이다.

타락한 세상에서 사람들은 공평하지 않다. 어떤 상사는 세상 물정을 모른다. 친구와 가족, 심지어 그리스도인들도 우리를 실망하게 한다. 예수님의 나라가 완전하게 임하기 전까지는 마찰과 불화가 있을 것이다. 그러나 우리는 거룩한 주권자이신 하나님이 우리와 우리 대적을 나스리는 주님이심을 신뢰할 수 있다. 하나님은 모든 잘못을 바로잡으시고 언제나 하나님의 영광이 드러나게 하실 것이다.

보복하는 것은 우리가 할 일이 아니다. 하나님이 "나를 위하여 보복하시는 하나님"이 되시게 하라. 앙갚음하는 데 집중하지 말고, 하나님이 그리스도 안에서 당신을 용서하신 것처럼 용서에 집중하라(엡 4:32).

우리가 너무나 자주, 스스로 보복하려고 하는 이유는 무엇일까?

고백의 기도 | 아버지, 저의 상처와 분노를 지나간 일로 넘기고, 모든 상황을 바로잡으실 주님을 신뢰하게 해 주옵소서. 주님이 모든 것을 보고 계시며, 제 문제가 주님의 보좌 앞에서 최종 심판을 받음을 알게 해 주옵소서. 아멘.

더 깊은 묵상 | 시 94:1; 롬 12:17-19

66

사네

미워하시는 하나님

"오만한 자들이 주의 목전에 서지 못하리이다 주는 모든 행악자를 미워하시며"(시 5:5).

미워하시는 하나님? 오타가 분명하다. 하나님은 사랑의 하나님이 아니신가? 누가 **미워하시는** 하나님께 충성을 맹세하고 싶을까? 하나님을 미워하시는 하나님이라고 묘사하는 것은 하나님이 진노의 하나님이라고 주장하는 모든 비판, 즉 하나님은 신뢰할 수 없고 불안정하며 심지어 불의하다는 주장을 정당하다고 하는 것 아닌가?

하지만 더 깊이 생각해 보면 미워할 만한 것도 있지 않은가? 우리는 성추행과 중독, 에이즈, 성매매, 강간, 인종 차별 같은 추악한 현실을 미워한다. 동시에 하나님도 이런 일을 미워하시길 바라고 기대한다. 만약 하나님이 이런 문제에 무관심하시고, 이런 일을 괜찮다고 하거나 심지어 승인하신다면 오히려 미심쩍고, 하나님을 거부하지 않겠는가?

성경은 하나님이 우상 숭배를 미워하신다고 말한다(신 12:31; 16:22). 그리고 피 흘리기를 좋아하는 자와 속이는 자를 멸시하신다고 말한다(시 5:4-6; 11:5). 잠언 6장 16-19절은 교만과 거짓말과 살인과 악한 계획과 악을 좋아하는 자와 거짓 증인과 이간질하는 자 등 하나님이 미워하시는 일곱 가지를 나열한다.

하나님의 미워하심은 하나님의 선하심에서 비롯된다. 하나님은 언제나 선하시므로, 언제나 공의로우시다. 공의로우신 하나님은 본질적으로 불의한 것을 미워하신다.

하나님의 미워하심은 또한 하나님의 사랑으로 인해 촉진된다. 하나님은 우리를 열렬히 사랑하시므로, 우리를 해칠 수 있는 모든 것, 즉 죄와 죽음과 질병과 사탄과 멸망과 분열을 혐오하신다.

하나님의 증오는 하나님의 순전하심과도 관련이 있다. 외과 의사가 병균이 가득한 수술실을 참지 못하거나 종양 전문의가 악성 암세포를 싫어하듯이, 하나님은 불순한 것을 용납하지 못하시며 더욱이 칭찬하지도 못하신다. 그것은 하나님의 본성에 어긋나기 때문이다. 우리는 하나님의 영광과 우리의 유익을 위해 전적으로 헌신하시는 하나님을 섬긴다. 하나님은 그런 일에 방해가 되는 것은 무엇이든지 미워하신다.

하나님은 미워하시는가? 물론이다. 하나님의 선하심과 사랑과 거룩하심 때문에, 하나님은 미워하신다. 그러나 우리가 하나님의 미워하심을 이해하면, 우리는 하나님을 더 사랑하게 된다.

"하나님이 미워하신다."라는 성경의 주장을 이해하지 못하는 사람에게 어떻게 이를 옹호하겠는가?

고백의 기도 | 주님의 선하심과 사랑과 거룩하심을 찬양합니다. 하나님이 미워하시는 것을 미워하고, 하나님이 사랑하시는 것을 사랑하도록 도와주옵소서. 주님이 미워하시는 일에서 벗어나게 해 주옵소서. 아멘.

더 깊은 묵상 | 레 20:23; 호 9:15

파라클레토스

대언자

"나의 자녀들아 내가 이것을 너희에게 씀은 너희로 죄를 범하지 않게 하려 함이라 만일 누가 죄를 범하여도 아버지 앞에서 우리에게 대언자가 있으니 곧 의로우신 예수 그리스도시라"(요일 2:1).

"변호사를 선임하세요." "변호사 없이는 아무것도 말하지 마세요!" 범죄 혐의로 기소된 사람에게 일반적으로 하는 조언으로, 우리는 모두 유능한 변호사가 복이라는 사실을 안다.

훌륭한 변호사는 법의 세부 조항과 허술한 구멍을 알고, 주장을 펼쳐 배심원단을 설득한다. 그래서 훌륭한 대리인을 세우면, 억울한 피의자는 기소를 피할 수 있다(때로는 죄가 있는 사람이 무죄를 선고받기도 한다.). 대리인, 법률가, 법조인 등 어떤 용어를 쓰든지, 변호사는 당신이 기소당했을 때 법정에서 당신 **옆에** 서는 법적 **대언자**로, 당신이 고발당했을 때 당신을 **위해** 싸운다.

복음의 좋은 소식은 영적 '범죄자'(죄인)인 우리에게 예수 그리스도가 대언자가 되신다는 것이다. 그분은 다음과 같은 놀라운 사실을 주장하신다.

- 참으로 우리는 기소된 대로 죄가 있고, 유죄 선고를 받을 만하며, 죽어 마땅한 죄인이다(롬 3:23; 6:23).

- 그러나 예수님이 경건하지 않은 자를 위해, 즉 우리를 위해 우리를 대신하여 죽으셨다(롬 5:6, 8).
- 그리스도가 우리를 위해 행하신 일을 믿는 믿음으로, 우리가 의롭다 하심을 받았으며(의롭다고 선언되었으며), 이는 우리를 하나님과 화평하게 했다(롬 5:1).
- 우리는 값없이 영생을 선물로 받았다(롬 6:23).
- 그리스도 예수 안에 있는 자에게는 결코 정죄함이 없다(롬 8:1).
- 전에는 우리가 하나님의 원수였으나(롬 5:10), 이제 우리는 하나님의 자녀이자 상속자가 되었다(롬 8:16-17).
- 아무것도 우리를 하나님의 사랑에서 끊을 수 없다(롬 8:39).

완전한 공의가 완전한 자비와 사랑을 만난 완벽한 사건이다.

신자들을 "고소하는 자"(계 12:10, NIV; "참소하던 자", 개역개정)가 당신의 영혼에 악마의 공격을 가하기 시작하거든, 이 사실을 기억하라. 당신이 스스로 방어할 필요가 없다. 의로우신 예수 그리스도가 당신의 방어자, 당신의 대언자이시다.

당신의 삶에서 대언자가 필요했던 때는 언제인가?

고백의 기도 | 주님, 저의 대언자가 되어 주셔서 감사합니다. 제 옆에 서시고 제 삶을 위해 싸우시도록 예수님을 보내 주셔서 감사합니다. 주님이 아니시면 저는 멸망했을 것입니다. 아멘.

더 깊은 묵상 | 롬 8:34; 딤전 2:5

… 68

아도나이 토브

주는 선하시다

"여호와는 선하시고 정직하시니 그러므로 그의 도로 죄인들을 교훈하시리로다"(시 25:8).

관계에 어려움이 있거나, 무슨 일을 해야 할지 혼란스럽거나, 실수가 후회될 때 당신은 어디로 가는가? 무엇에 또는 누구에게 의지하는가?

시편 25편에서 다윗은 하나님께 소망을 둠으로 힘을 얻는다(5절). 다윗이 처한 상황을 정확히 알 수는 없지만, 그는 원수를 언급하고, 죄책감을 암시하며, 외로움을 토로한다. 그렇지만 이런 모든 "곤고"(18절)에도 다윗은 하나님에 대한 믿음을 확언한다.

구체적으로 하나님의 어떤 성품이 다윗에게 소망을 주었을까? 우리는 "주의 선하심"(7절)이라는 말에서 실마리를 발견한다. 다윗의 "선하신 하나님"과 다른 신들이 얼마나 대조되는가? 이런 지역 신들은 옹졸하고 보복하기로 유명했다. 실제로 사람들은 세상의 파괴와 혼돈 대부분이 신들의 욕망과 허영심과 이기심의 결과라고 믿었다.

유일하고 참되신 성경의 하나님과 얼마나 다른가! 아브라함과 이삭과 야곱의 하나님, 즉 우리 주 예수 그리스도의 아버지이신 하나님은 근본적으로, 또 본질적으로 **선하시다**고 묘사된다. 하나님의 선하심은 어떤 모습일까? 하나님 말씀 곳곳에 그 답이 흩어져 있다.

- 하나님은 죄나 악이 있는 곳에 계실 수 없다(사 59:2).
- 하나님은 죄를 용서하신다(요일 1:9).
- 하나님은 회개하는 죄인에게 그리스도의 의를 부여하신다(고후 5:19-21).
- 하나님은 그분의 백성에게 복을 주려는 계획을 갖고 계신다(렘 29:11-13).
- 하나님은 우리의 변화를 위해 끊임없이 일하신다(빌 1:6).
- 하나님은 우리가 신실하지 않을 때도 여전히 신실하시다(딤후 2:13).
- 하나님은 우리가 시험을 이기도록 도와주신다(고전 10:13).
- 하나님은 그분을 신뢰하는 자에게 완전한 평강을 주신다(사 26:3).
- 하나님은 공정하게 심판하신다(시 9:8).

하나님이 모든 선한 일을 하시는 이유는 그분이 본질적으로 선하시기 때문이다. 다윗은 경험을 통해 하나님의 선하심은 상실을 초월하고, 실패를 극복하며, 상처를 덮고, 낙담을 물리친다는 사실을 알았다. 하나님의 선하심을 바라는 사람들은 실망하지 않을 것이다.

최근 당신의 삶에서 어떻게 하나님의 선하심을 경험했는가?

고백의 기도 | 하나님, 악이 가득한 세상에서 하나님의 선하심을 깨닫고 신뢰하기가 힘들 때가 있습니다. 제게 영적인 안목을 주셔서 주님의 말할 수 없는 선하심의 길이와 깊이와 높이와 넓이를 볼 수 있게 하옵소서. 아멘.

더 깊은 묵상 | 애 3:25; 마 19:17

여호와 찌드케누

우리의 의이신 여호와

―

"그 날에 유다가 구원을 받겠고 예루살렘이 안전히 살 것이며 이 성은 여호와는 우리의 의라는 이름을 얻으리라"(렘 33:16).

예수님의 좋은 소식(복음)은 인류가 하나님에 대해 **의롭지 않다**는 선언으로 시작한다. 이 선언은 좋은 소식과 정반대되는 것처럼 들린다! 우리처럼 의롭지 않은 사람들은 어떻게 해야 하는가? 우리는 **여호와 찌드케누**를 불러야 한다. 이 말은 "여호와는 우리의 의"라는 뜻이다.

찌드케누는 '옳은', '의로운', '무죄가 선언된'이라는 의미를 가진 히브리어 **쩨데크**에서 나온 말이다. 간단히 말해 의는 옳음이다. 즉 옳은 상태에 있고 옳은 일을 하는 것이다. 하나님이 의 자체**이시므로**, 하나님은 **언제나** 옳은 일을 행하신다.

하나님이 우리의 의라는 진리는 우리의 삶에 다음과 같은 변화를 낳는다. 첫째로, 우리는 하나님의 의로우심을 기뻐할 수 있다. 오직 하나님만이 옳은 일을 행하시므로, 우리는 하나님이 말씀하신 바를 지키실 것을 신뢰할 수 있다. 또한 우리는 하나님이 그분의 능력을 사용하셔서 우리를 보호하시고, 강하게 하시며, 복 주실 것을 믿을 수 있다. 우리는 하나님이 악을 바르게 처리하실 것을 기대할 수 있다. 간단히 말해, 우리는 하나님이 절대로 잘못된 일을 하지 않으실 것을 확신할 수 있다.

둘째로, 우리는 하나님의 의가 우리 자신의 **불의**에서 우리를 구원한다는 사실을 믿는다. 하나님이 순수한 의이시기 때문에, 하나님은 죄와 (또는 구속받지 못한 죄인들과) 전혀 관계가 없으시다. 예수님이 아니셨다면, 이것은 절망적인 이야기였을 것이다.

우리는 예수님의 십자가를 통해 하나님과 바른 관계를 맺는다. 먼저 은혜로 그리스도가 우리 죄를 담당하셨고, 우리는 믿음으로 그리스도의 의를 받았다. **그리스도**의 의로써 우리는 하나님과 올바른 관계가 되었다. 이는 우리가 죄를 짓지 않는다는 의미가 아니다. 우리의 실패에도 불구하고, 하나님은 예수님 안에서 우리를 의롭게 보신다는 의미다.

이것이 복음의 나머지 내용이다. 우리 가운데 누구도 자동으로, 자연적으로 하나님에 대해 옳게 될 수 없으므로, 예수님이 오셔서 의로운 삶을 사셨다. 그리고 죄를 위한 희생 제물로 자신을 드리셨다. 믿음으로 예수님께 나아가는 사람은 실제로 자신의 불의를 영원히 잃어버리고 그분의 의로움을 얻는다.

당신이 그릇되기를 싫어하고 올바르기를 원한다면, 당신은 자신이 결코 그리스도 안에 있을 때보다 덜 그릇되거나 더 올바를 수 없다는 사실을 알아야 한다.

당신은 하나님의 의에 대해 구체적으로 어떻게 감사를 드리는가?

고백의 기도 | 주님은 언제나 옳은 일을 행하십니다. 저도 옳은 일을 행하며 다른 사람에게 '나의 의이신 여호와'를 나타내게 하옵소서. 아멘.

더 깊은 묵상 | 겔 36:26-27; 고후 5:21

70

짜디크

의로우신 이

"여호와께서는 그 모든 행위에 의로우시며
그 모든 일에 은혜로우시도다"(시 145:17).

때로 우리는 부끄러움이나 불안, 압도감, 외로움, 슬픔을 느낀다. 그리고 자기 잘못이 아닌 일에 대해 죄책감을 느끼거나 상상에 대해 불안을 느끼는 등 그러지 말아야 할 때 그런 감정을 느끼기도 한다. 물론 우리에게는 긍정적인 감정도 있지만, 때로는 이런 감정도 잘못 표출된다. 우리는 정말 좋은 것이 아닌 것에도 행복을 느낄 수 있고, 해결되지 않은 상황에 대해 안도감을 느낄 수도 있다.

요점은 감정에 지나치게 의존하면 위험하다는 것이다. 아무리 실제적이고 강력하다 해도, 감정은 신뢰할 만한 지침이 될 수 없다. **진짜처럼 보이는 것**과 **진짜**는 엄청난 차이가 있다. 그러므로 당신이 특별히 의롭다고 **느껴지지** 않는다고 해서 실제로 의롭지 않은 것은 아니다.

의롭다는 것은 죄가 없다는 것이다. 간단히 말해, 항상 옳은 것이다. 이는 하나님의 본성이다. 하나님은 결코 잘못하는 법이 없으시다. 언제나 옳은 일을 행하시며, 피조물과의 관계에 언제나 완벽하시다. 수상한 동기나 의심스러운 생각으로부터 언제나 자유로우시다. 하나님의 실적은 어리석은 결정들로 얼룩져 있지 않다. 반대로 우리는 그런 온갖 불의한 일을 저지른 죄가 있는데, 심지어 그런 일들에 대해 특별히 잘못했다고 느끼지 않을 때도 있다. 따라서 하나님의 의로우심은 인류에게 가장 큰 문제가 된다. 의로우신 하나님이 어떻게 불의한 사람들과 관계를 맺으실 수 있을까? 만약 우리가 본성적으로 올바르지(의롭지) 않다면, 우리는 분명히 하나님과 올바른 관계에 있을 수 없다.

그래서 하나님은 그분의 선하심과 은혜와 사랑으로 우리를 의롭게 **만드신다**. 우리가 믿음으로 예수 그리스도와 그분이 십자가에서 행하신 일, 즉 우리의 죄와 죄책과 수치를 지시고 우리 대신 죽으신 일을 신뢰할 때, 영원한 교환이 일어난다. 예수님이 우리 죄의 대가를 치르심으로 하나님의 공의를 만족시키셨다. 그것이 다가 아니다. 예수님은 또한 그분의 의를 우리에게 나누어 주셨다. 예수님을 우리의 대속자아 구주로 믿으면, 우리는 하나님 앞에 설 수 있으며 실제로 하나님과 올바른 관계에 있을 수 있다(고후 5:19-21).

당신은 스스로 의롭다고 **느끼지** 않을 수 있다. 그러나 오직 그리스도께 소망을 둔다면, 당신은 하나님과 올바른 관계에 **있다**.

사실은 언제나 감정을 이긴다. 그리고 예수 그리스도를 따르는 자들이 바로 하나님의 의라는 것이 사실이다.

당신의 감정이 영적인 사실을 보는 데 방해가 되었던 때는 언제인가?

고백의 기도 | 의로우신 아버지, 저를 그리스도 안에서 의롭게 하시니 감사합니다. 제가 감정이 아니라 사실을 따라 살게 해 주옵소서. 아멘.

더 깊은 묵상 | 시 50:6; 116:5

8부

위대하신 하나님

엘 엘욘

엘 하카보드

엘 하가돌

엘 샤마임

엘로힘 야레

우리 하나님은
온 땅 위에 가장 위대하시다.

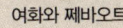
여화와 쩨바오트

카도쉬 이스라엘

호드

멜레크 하고임

가바

71

엘 하가돌

크신 하나님

"너희의 하나님 여호와는
신 가운데 신이시며 주 가운데 주시요 크고 능하시며 두려우신 하나님이시라
사람을 외모로 보지 아니하시며 뇌물을 받지 아니하시고"(신 10:17).

어떤 별명들은 위대함과 관련이 있다. 알렉산더 대제나 "위대한 개츠비"가 그랬다. 권투 선수 무하마드 알리는 '가장 위대한 사람'으로, 하키의 전설 웨인 그레츠키는 '위대한 사람'으로 알려져 있다.

일반적으로 특별한 업적이나 지위를 묘사할 때 '위대하다'라는 단어를 사용한다. 누군가에게 '위대하다'라고 할 때, 그 의미는 그런 사람이 단 한 명뿐이며, 지금까지도 없었고 앞으로도 없을 것이라는 의미다.

모세가 전하는 신명기 10장 17절 말씀을 들은 히브리 민족은 그들의 조상 아브라함의 하나님이신 여호와에 대해 자주 들었다. 그러나 그때까지 그들은 많은 신을 숭배하던 애굽에서 400년 동안 살았다. 그리고 이제 하나님은 다른 다신교 민족에게 둘러싸여 살게 될 땅으로 그들을 인도하고 계셨다. 이스라엘의 하나님이 다른 신과 무엇이 달랐을까? 다르다면, 무엇이 하나님을 다른 모든 신과 차별되게 했을까?

모세는 그분이 "크신 하나님"이시기 때문에 히브리 민족의 전적인 헌신을 받으시기에 합당하시다고 주장했다. 히브리어로 '크다'는 '가돌'이다. 이 단어는 '구별되다', '중요하다', '크다', '웅장하다', '장엄하다'를 의

미한다. 그러면 하나님이 이런 칭호를 유일하게 받으실 자격이 있으신 이유는 무엇일까? 모세는 하나님이 전능하시기 때문이라고 말했다. 즉 하나님은 강력하고 두려운 분이시다. 하나님에게는 어려운 일이 전혀 없다. 이뿐만 아니라, 주변 문화의 하찮은 신들과 달리, 이스라엘의 하나님은 공의로우시다. 즉 하나님은 공정하시고 은혜로우시다. 이것이 하나님이 위대하신 또 다른 이유다. 하나님은 부패한 세상 재판관처럼 편파적이거나 뇌물을 받지 않으신다.

신명기 10장 14-22절은 하나님의 위대하심을 증언한다. 모세의 증언에 의하면 하나님이 위대하신 이유는 하나님이 우주를 소유하고 계시기 때문이다. 또 하나님이 위대하신 이유는 하나님이 히브리 민족에게 은혜를 베푸셔서 "마음을 쏟아 사랑"하셨기(새번역) 때문이며, 무력한 자들을 돌보시기 때문이다. 그리고 하나님만이 "두려운 일"을 행하시며 자격 없는 사람들에게 복을 내리시기 때문이다. 다른 신들이 이런 일을 행하는가? 오직 이스라엘의 하나님 여호와만이, 유일하게 참되신 하나님만이 "크다"는 칭호를 가지실 수 있다.

어떤 것을 하나님보다 위대하게 여기는 것은 신성모독이며 비극이다. 사람들은 다른 신들에게 마음을 바치기도 하는가? 물론이다. 그러나 이스라엘의 "크신 하나님" 같은 신은 없다. 히브리 민족에게 그들의 하나님이 "크신" 분이라는 것을 알게 한 다음, 모세는 그들에게 다음과 같은 반응을 촉구했다. "네 하나님 여호와를 경외하여 그를 섬기며 그에게 의지하고"(신 10:20).

하나님의 유일무이한 지위 때문에, 하나님은 경외와 충성스러운 섬김을 받으시기에 합당하시다.

많은 것이 우리의 헌신을 요구한다. "크신 하나님"은 당신의 삶에서 어떤 자리에 계시는가?

고백의 기도 ㅣ 크신 하나님, 제가 주님을 있는 그대로 볼 수 있게 해 주옵소서. 그래서 하나님이 마땅히 받으셔야 할 경배를 드릴 수 있게 해 주옵소서. 아멘.

더 깊은 묵상 ㅣ 대상 16:25; 렘 32:18

호드

위엄

"북쪽에서는 황금 같은 빛이 나오고 하나님께는 두려운 위엄이 있느니라
전능자를 우리가 찾을 수 없나니 그는 권능이 지극히 크사
정의나 무한한 공의를 굽히지 아니하심이니라"(욥 37:22-23).

"나는 상사를 좋아해요. 내게 잘해주거든요."

"부모님이 나를 위해 해 주신 일들을 생각하면, 명절에 시간을 좀 더 내야 할 것 같아요."

"이분은 내가 만났던 코치 가운데 최고예요. 그분을 위해서라면 무슨 일이든 할 거예요."

다른 사람에 대한 우리의 애정은 종종 조건적이다. 우리는 더 크다고 생각할지 모르지만, 많은 수준에서 우리의 충성과 행위는 적어도 처음에는 우리가 어떤 대우를 받느냐에 좌우된다. 어쨌든 훌륭한 경영진은 당신의 충성을 얻을 것이고, 자애로운 부모는 존경받기가 더 쉽다.

우리의 애정이 조건적이라는 증거가 더 필요한가? 당신의 삶을 힘들게 만드는 상사에게 계속 충성하기가 얼마나 어려운지 생각해 보라. 또한 우리가 가족들을 사랑으로 대하기를 원할 수 있지만, 우리의 과거 이력이 사랑을 실천하는 일을 어렵게 할 수 있다.

하나님의 위엄을 인정한다는 것은 그분이 하나님이시기에 마땅히 받으셔야 하는 경배와 애정을 하나님에게 드리는 것이다. 하나님은 본질

적으로 높임과 경배를 받으실 권리가 있으시다. 이것이 하나님의 당연한 권리인 이유는 하나님이 우리를 위해 어떤 일을 행하셨기 때문이 아니라, 단순히 그분이 하나님이시므로 찬양을 받으실 자격이 있으시기 때문이다. 하나님의 본성은 위엄이 있고 초월적이며 부요하고 권능이 있다.

천사들이 하나님을 경배할 수밖에 없는 이유는 하나님의 위엄 있는 본성 때문이다(사 6:3; 계 4:8). 하나님의 위엄 자체가 웅장하고 아름다우며 당당한 모습을 보여 주기에, 하나님 앞에 서는 사람은 누구든지 찬양과 경배를 돌리지 않을 수 없다.

우리가 만약 하늘의 정상을 살짝 들어갈 수 있다면, 우리는 모든 권능을 마음대로 행사하실 수 있고 모든 경배와 영광을 받기에 합당하신 위엄 있는 왕을 발견할 것이다.

다윗은 이렇게 말한다.

"우리 조상 이스라엘의 하나님 여호와여 주는 영원부터 영원까지 송축을 받으시옵소서 여호와여 위대하심과 권능과 영광과 승리와 위엄이 다 주께 속하였사오니 천지에 있는 것이 다 주의 것이로소이다 여호와여 주권도 주께 속하였사오니 주는 높으사 만물의 머리이심이니이다 부와 귀가 주께로 말미암고 또 주는 만물의 주재가 되사 손에 권세와 능력이 있사오니 모든 사람을 크게 하심과 강하게 하심이 주의 손에 있나이다 우리 하나님이여 이제 우리가 주께 감사하오며 주의 영화로운 이름을 찬양하나이다"(대상 29:10-13).

우리 왕이신 하나님은 단지 그분이 행하신 일 때문이 아니라 그분이 어떤 분이신가 하는 것 때문에 찬양을 받으시기에 합당하시다.

당신은 어떤 면에서 하나님을 왕으로 더 올바르게 바라보아야 하는가?

고백의 기도 ㅣ 위엄 있으신 하나님, 그저 주님이 저의 하나님이시며 왕이시기에 마땅히 받으셔야 하는 경배를 제가 더 잘 이해하게 도와주옵소서. 아멘.

더 깊은 묵상 ㅣ 시 18:1-2; 사 26:4

# 73

가바

초월자

"이는 내 생각이 너희의 생각과 다르며 내 길은 너희의 길과 다름이니라 여호와의 말씀이니라 이는 하늘이 땅보다 높음 같이 내 길은 너희의 길보다 높으며 내 생각은 너희의 생각보다 높음이니라"(사 55:8-9).

우리가 하나님을 온전히 이해할 수 없는 이유는 하나님이 초월자이시기 때문이다. 하나님은 우리가 이해할 수 있는 것보다 크시다. 하나님의 본질이 광대하시므로, 우리는 하나님을 이해할 수 없다.

만약 하나님이 충분히 이해될 만큼 유한하시다면, 하나님은 우주를 지탱하실 힘이 없으실 것이다. 인간의 모든 지식은 문서화할 수 있지만, 하나님의 지식과 생각은 절대로 빠짐없이 기록하거나 헤아릴 수 없다. 만약 하나님의 광범한 지식을 다른 사람들이 포착하고 분류하고 배울 수 있다면, 하나님의 지혜는 한계가 있을 것이다.

불꽃이 위로 튀어 올라 손에 닿지 않게 멀리 날아가는 것처럼, 하나님의 지혜와 능력과 지식도 그것을 파악하고 이해하는 인간의 능력을 훨씬 초월한다.

우리의 제한된 범위와 시야 때문에, 많은 사람이 하나님을 쉽게 비난한다. 하나님이 하시는 일을 비판하거나, 하나님의 행위가 부족하다고 불평하거나, 하나님이 일하고 계시는지 의심한다. 그러나 그분의 초월성으로 인해 하나님은 시간과 공간을 벗어나 계신다. 하나님은 미래와 과거를 동시에 보신다. 인류의 모든 시간표가 하나님 앞에 파노라마 사진처럼 펼쳐져 있다. 하나님은 그 모든 것을 한꺼번에 이해하신다.

하나님이 행동하지 않으신다고 해서 무관심하신 것일까? 그렇지 않다. 그분의 초월성으로 인해, 하나님은 모든 시나리오의 결과를 다 보시고 최선의 행동 방침을 선택하실 수 있다.

하나님이 우리의 고통을 덜어 주지 않으신다고 해서 잔인하신 것일까? 그렇지 않다. 미래를 보실 수 있는 능력으로 인해, 하나님은 오늘의 사건으로 인해 내일 어떻게 변할지 알고 계신다.

하나님의 초월성은 하나님에 대한 우리의 관점과 예배에 어떤 영향을 미치는가? 우리는 인간의 능력으로 하나님을 우리 자신보다 더 높일 수 있어서 하나님을 예배하는 것이 아니다. 우리는 하나님이 본질적으로 우리보다 높으시기 때문에 하나님을 예배한다.

하나님의 초월성을 아이들에게 설명한다면 어떻게 설명하겠는가?

고백의 기도 | 초월하시는 하나님, 주님의 길이 제 길보다 높다는 사실을 기억하게 해 주옵소서. 주님의 생각과 통찰력과 능력은 제가 이해할 수 있는 것 이상입니다. 주님이 하시는 일을 이해하지 못할 때도 주님을 신뢰하게 해 주옵소서. 아멘.

더 깊은 묵상 | 시 103:11; 113:5

74

엘 엘욘

지극히 높으신 하나님

"너희 대적을 네 손에 붙이신 지극히 높으신 하나님을 찬송할지로다"(창 14:20).

높은 곳을 무서워하는 사람들이 있지만, 모든 사람은 다른 사람보다 '더 높아지는' 데서 비뚤어진 쾌감을 느낀다. 반에서 키가 가장 큰 남학생은 더 작은 친구들을 말 그대로 내려다본다. 서열이 높거나 수입이나 아이큐, 평점, 시험 점수, 사회적 지위 등이 더 높은 것은 모두 자존심을 높이는 요인이 된다.

우리는 다른 사람 **위에** 있기를 좋아하는데, 창세기 14장에서 하나님을 "지극히 높으신 하나님"(엘 엘욘)이라고 묘사하는 것은 흥미로운 점이다. 이 독특한 이름은 하나님을 모든 잠재적인 '경쟁자'나 '라이벌'과 차별화한다.

지극히 높으신 분이신 성경의 하나님은 최고이시다. 하나님은 높임을 받으시고, 존귀하시며, 단순히 **높은** 것들이나 **더 높은** 것보다 훨씬 위에 자리하신다. **지극히 높으신** 하나님은 다른 모든 것을 능가하신다. 누구도 지극히 높으신 하나님과 정면으로 맞서거나 동등한 위치에 있을 수 없다. 아무도 자신을 하나님보다 높이거나 하나님을 내려다볼 수 없다.

이 하나님의 이름은 구약 다니엘서에 나오는 흥미진진한 이야기에서 사용된다. 느부갓네살 왕은 교만함이 극심했다. 선지자 다니엘은 느부갓네살이 그의 엄청난 교만 때문에 왕궁에서 쫓겨나 들짐승처럼 살게 될 것이라고 경고했다. 느부갓네살은 비웃었다. 그 후 7년 동안 느부갓네살은 벙어리 짐승처럼 살았다. 마음이 낮아지고 눈을 들어 유일하신 참 하나님을 바라보았을 때 비로소 느부갓네살은 하나님을 "지극히 높으신 이"(단 4:34)라고 인정했다.

위대한 C. S. 루이스는 일찍이 "교만하면 하나님을 알 수 없다."라고 말했다. 맞는 말이다! 교만은 우리 자신을 높이고, 우리가 우주에서 가장 고귀한 존재인 것처럼 살아가는 죄악된 경향이다. 그러나 우리가 항상 모든 것을 내려다보는 한, 우리는 절대로 우리 위에 계신 하나님을 볼 수 없다고 루이스는 말했다.

당신은 오늘 마음속에서 누구를 높이고 있는가? 자기 자신인가? 다른 사람인가? 아니면 지극히 높으신 하나님인가?

하나님이 지극히 높으시다는 것은 당신에게 무엇을 의미하는가?

고백의 기도 | 지극히 높으신 하나님, 저의 교만을 용서해 주옵소서. 요한복음 3장 30절에 나오는 세례 요한의 말대로, 주님은 흥하시고 저는 쇠하게 하옵소서. 아멘.

더 깊은 묵상 | 민 24:16; 시 9:2

엘 하카보드

영광의 하나님

"여호와의 소리가 물 위에 있도다 영광의 하나님이 우렛소리를 내시니 여호와는 많은 물 위에 계시도다"(시 29:3).

구름에 맞닿은 눈 덮인 봉우리나 눈앞에서 밤하늘을 수놓는 유성우 등 당신의 발걸음을 멈추고 숨이 멎게 하는 자연의 광경을 마주친 적이 있을 것이다. 지평선의 거대한 토네이도는 어떤가? 이런 자연의 경이 앞에서 우리는 종종 압도당하고 작아지며, 심지어 두려움을 느낀다.

이런 초월적인 순간들은 즉시 경이로움과 두려움을 느끼게 할 수 있다. 기쁨이나 경외심을 줄 수 있다. 그러나 이런 피조물들은 아무리 경탄할 만해도 그것을 만드신 창조주 앞에서는 빛이 바랜다. 피조물이 영광스럽다면, 하나님은 무한히 더 영광스러우시다.

"영광"으로 번역된 히브리어는 **카보드**다. 이 말은 '무거운, 중대한'을 의미한다. 자연의 영광이 바로 그와 같다. 그런 아름다운 장면은 당신의 생각을 무겁게 내리누르며, 당신의 마음을 압박한다. 실제로 위대한 예술가의 잊을 수 없는 작품인 그런 장면들은 우리에게 모든 영광의 근원을 가리켜 보인다.

모세는 하나님께 "주의 영광을 내게 보이소서"라고 담대하게 말씀드렸다. 그러자 하나님은 "네가 내 얼굴을 보지 못하리니 나를 보고 살 자가 없음이니라"라고 응답하셨다. 하나님의 순수하고 완전하며 여과되지 않은 본질은 너무나 강력하며, 하나님의 얼굴은 너무나 경이로워서 볼 수가 없다. 그렇지만 하나님은 모세가 자신의 등을 볼 수 있게 하셨다. 하나님이 지니신 영광을 잠깐이나마 아주 조금 맛보게 하셨다(출 33:18-23).

빨리 지나가 신약으로 가보자. 요한복음에서 사도 요한은 말씀, 즉 예수님이 "우리 가운데 거하시매 우리가 그의 영광을 보니 아버지의 독생자의 영광이요 은혜와 진리가 충만하더라"라고 선언했다(요 1:14). 나중에 요한은 역사의 종말과 영원을 엿본 경이롭고 전율이 넘치는 내용을 기록한 요한계시록에서 모든 신자의 소망에 대해 이렇게 썼다. "그의 얼굴을 볼 터이요"(계 22:4).

오늘 당신에게 주어진 과제는 간단하다. 하나님의 말씀에 놀라라. 하나님의 세계에 경탄하라. 그런 다음 무릎을 꿇고 영광의 하나님을 경배하라.

하나님의 영광을 가장 잘 엿볼 수 있는 자연의 모습은 무엇인가?

고백의 기도 | 영광의 하나님, 주님의 영광은 인간의 이해를 초월합니다. 초월적인 순간에 저는 경이로움과 경외심, 두려움으로 가득 찹니다. 지금 주님을 경배합니다. 아멘.

더 깊은 묵상 | 출 24:17; 시 19:1

76

엘 샤마임

하늘의 하나님

"하늘의 하나님께 감사하라 그 인자하심이 영원함이로다"(시 136:26).

히브리인들은 **하늘**이라는 용어를 세 가지 의미로 사용했다. 첫째로 하늘은 지구의 대기를 부르는 이름이었다(시 77:17). 둘째로 하늘은 우주의 별들을 가리키기 위해 사용되었다(시 8:3). 셋째로 하늘은 하나님이 거하시는 장소로 여겨졌다(시 103:19). 시편 저자는 "하늘의 하나님"이라는 이름을 사용함으로 하나님께 큰 영광을 돌렸다. 이 호칭은 기상 레이더나 행성 지도를 통해 탐구할 수 있는 영역뿐만 아니라 비가시적이고 영적인 영역까지도 포함하는 만물 위에 계시는 하나님의 임재와 통치를 선언한다.

다시 말해 "하늘의 하나님"은 우리가 볼 수 있는 물질적인 지구뿐만 아니라 우리가 볼 수 없는 모든 비물질적인 현실의 하나님이시다. 하나님은 별들 너머에 계신다. 하나님의 보좌는 이 세상 바깥에, 이 세상 위에 있다. 하늘의 피조물들이 하나님의 발 앞에 경배한다(계 4:8). 땅은 하나님의 "발판"에 불과하다(사 66:1).

그런데 하늘의 하나님, 우주의 왕께서 우리의 작은 세상에 적극적으로 참여하기를 택하신다. 피조물과 구별되시는 가장 영광스러우신 창조주께서 세상에 적극적으로 개입하신다. 하나님은 먼 은하계에 있는 미지의 별과 도시공원에 있는 보이지 않는 어치에도 관심을 기울이신다. 하늘의 하나님은 존재하는 만물 위에 좌정하시고, 완전한 지혜와 사랑으로 다스리신다(시 136:26).

이방 나라의 하찮은 신들과 달리, 유일하고 참되신 하나님은 사람이 만든 물체나 우상에 가둘 수 없다. 하나님은 물리적 영역의 차원을 초월하신다. 솔로몬의 영광스러운 성전도 가둘 수 없었던(대하 2:6) 하늘의 하나님은 절대로 어떤 교회에 갇히지 않으시며, 한 주간의 특정한 날이나 시간에 제한되지도 않으신다.

따라서 이런 결론을 내릴 수 있다. 만약 당신이 당신의 재정과 미래, 인간관계와 도덕성, 일정과 취미를 다스리지 않는 신을 섬기고 있다면 어떻게 되겠는가? 당신은 **하늘의 하나님**을 섬기고 있는 것이 아니다.

현실의 모든 부분을 다스리시는 바로 그 하나님은 당신의 삶의 모든 측면에 대한 주권을 가지기를 원하신다.

당신이 하나님과 하나님이 다스리시는 나라의 절대적인 장엄함을 기억하도록 도와주는 것은 무엇인가?

고백의 기도 | 하늘의 하나님, 주님은 보이는 것과 보이지 않는 것의 하나님이십니다. 주님은 물리적인 영역과 영적인 영역 모두에 존재하시며 다스리시는 분이십니다. 주님만이 찬양받기에 합당하십니다. 아멘.

더 깊은 묵상 | 창 24:3, 7; 욘 1:9

77

엘로힘 야레

가장 경외로우신 하나님

―

"하나님이여 위엄을 성소에서 나타내시나이다
이스라엘의 하나님은 그의 백성에게 힘과 능력을 주시나니
하나님을 찬송할지어다"(시 68:35).

몇 년 전, **어썸**(awesome; 원래 정말 입이 다물어지지 않고 심장이 멎을 것만 같은 현상에만 사용되던 말)이라는 말이 해 아래 거의 모든 것을 묘사하는 데 사용되는 일반적인 단어가 되었다.

새 옷이 갑자기 '매력적'인 것이 아니라 **어썸**한 것이 되었다. 동네에 새로운 커피숍이 생겼다? 단순히 '신선한' 것이 아니라 **어썸**하다. 좋아하는 선생님은? '재미있다'거나 '흥미롭다'가 아니라 **어썸**하다.

'어썸'으로 번역되는 히브리어는 **야레**다. 이 말은 오늘날의 희석된 의미보다 훨씬 더 많은 의미를 담고 있다. 성경에서 **어썸** 즉 '경외롭다'('위엄', 개역개정)는 하나님과 하나님이 하시는 일에만 사용된다. 그리고 진정한 의미의 **경외로움**이 낳는 결과는 말문이 막힌 채 엎드러지고, 두려움에 땅에 납작 엎드리며, 숨이 멎을 듯한 놀라움을 느끼는 것이다. 세상에 이런 반응을 불러일으킬 수 있는 커피숍이 있을까?

다윗 왕은 하나님이 이스라엘에게 주신 압도적인 승리를 묘사하면서 **야레**라는 단어를 사용했다. **경외롭다**라는 단어는 이처럼 가장 사나운 적들조차도 두려워하게 만드는 그런 힘, 가차 없고 멈출 수 없는 그런

의지를 모두 내포한다. 하나님을 묘사하려고 할 때, 다윗은 다른 모든 형용사를 능가하는 이 유일한 히브리어 단어를 사용할 수밖에 없었다.

막 폭발한 화산의 정상부가 거대한 용암 줄기를 공중에 뿜어내는 광경을 멀리서 목격하거나 15미터 높이의 해일이 섬을 덮쳐서 모든 것을 파괴하는 영상을 볼 때, 또는 등을 대고 누워 끝이 없어 보이는 밤하늘을 올려다볼 때, 우리는 그러한 경외로움을 어렴풋이 느낄 수 있다.

이 경외로운 모든 일의 배후에는 무엇이 있을까? 훨씬 더 경외로우신 우리 하나님이 계신다. 하나님은 무한하시고, 무섭도록 거룩하시며, 전능하시다. 그러나 하나님은 몸을 굽히셔서 우리를 다정하게 대하시고 보살핌과 긍휼을 베푸신다. 하나님은 자신을 무시하는 자들에게도 자애로우시다. 결국 하나님은 자신을 조롱하고 십자가에 못 박을 바로 그 사람들을 사랑하기 위해 가까이 다가오셨다.

하나님은 진정으로 경외를 느끼게 하는 사랑을 우리에게 보여 주신다. 당신은 하나님의 경외로우심을 어떻게 묘사하겠는가?

고백의 기도 ∣ 하나님, **경외롭다**는 단어도 주님을 묘사하기에는 전혀 충분하지 않습니다. 주님의 이름을 들을 때 제 눈이 휘둥그레지고 가슴이 뛰게 해 주옵소서. 아멘.

더 깊은 묵상 ∣ 시 47:2; 66:5

78

멜레크 하고임

열방의 왕

"이방 사람들의 왕이시여 주를 경외하지 아니할 자가 누구리이까 이는 주께 당연한 일이라 여러 나라와 여러 왕국들의 지혜로운 자들 가운데 주와 같은 이가 없음이니이다"(렘 10:7).

모세는 하나님이 히브리 민족의 적들을 물리치시는 것을 목격했다. 모세는 하나님이 히브리 민족의 왕을 넘어 모든 민족의 왕이시라는 것을 인정하며 하나님을 찬양했다. 모세는 하나님이 왕들을 세우고 폐하는 분이심을 알았다. 하나님은 세상의 모든 권력을 교체하는 분이시다(신 3:21; 7:24).

여러 세대 후에, 예레미야는 이스라엘 나라의 고통스러운 몰락을 지켜보았다. 그리고 슬픔에 찢긴 마음으로 예레미야도 하나님이 **멜레크 하고임**, 즉 열방의 왕("이방 사람들의 왕", 개역개정)이시라고 인정했다.

모세가 하나님을 열방의 왕으로 선포하기란 쉬웠을 것이다. 그러나 자기 민족이 황폐해지는 것을 무력하게 지켜볼 수밖에 없었던 예레미야에게는 틀림없이 더 어려운 일이었을 것이다.

하나님이 온 땅의 왕이심은 뉴스 머리기사나 이른바 전문가들의 선언에 의존하지 않는다. 상황이 암울해 보일 때도, 예를 들어 사업이 실패하거나 가족이 고통을 당하거나 나라가 하나님께 등을 돌리거나 나라들이 전쟁의 위협을 가하더라도, 하나님은 여전히 그분의 왕좌에 앉아 계신다. 상황이 어떠하든지, 예레미야가 그랬듯이, 우리는 왕이신 하나님을 신뢰할 수 있다.

하나님은 아브라함을 택하시고 그의 자손을 통해 세상에 복을 주겠다고 약속하셨다(창 12:3). 그러나 이것은 하나님이 유대인에게만, 즉 아브라함의 자손에게만 왕이 되신다는 말이 아니었다. 태초부터 하나님은 모든 개인과 모든 가정, 모든 민족, 모든 나라를 다스리고 통치해 오셨다. 심지어 하나님에게 자기들의 국경을 닫으려고 하는 나라들도 다스려 오셨다.

요한계시록 15장 3절에는 열방의 왕이신 하나님에 대한 마지막 언급이 나온다. 세상의 이야기가 끝나갈 때가 되면, 악은 수명을 다하고 종말에 이르게 될 것이다. 역사의 마지막 장에서 하나님은 승리자, 최후의 승자, 열방의 왕으로 선포되실 것이다.

우리가 과거나 현재나 미래나 어디를 바라보든, 우리 하나님이 책임자이시다. 하나님이 열방의 왕이시다.

세상의 사건들 가운데 열방의 왕이신 하나님에 대한 소망이 없이는 가장 이겨 내기 힘들어 보이는 사건은 무엇인가?

고백의 기도 | 하나님, 주님은 주님을 열방의 왕으로 드러내십니다. 주님은 다스리시고 통치하십니다. 주님이 역사의 결말을 확정하셨다는 사실을 확신합니다. 아멘.

더 깊은 묵상 | 욥 12:10; 시 22:28

여호와 쩨바오트

만군의 여호와

"그러므로 주 만군의 여호와 이스라엘의 전능자가 말씀하시되 슬프다 내가 장차 내 대적에게 보응하여 내 마음을 편하게 하겠고 내 원수에게 보복하리라"(사 1:24).

오늘날 많은 부모가 자녀에게 특정한 이름을 지어주는 이유는 그 이름이 깊은 의미를 담고 있기 때문이 아니라 단지 독특하게 들리거나 인기가 있기 때문이다. 그러나 성경의 이름들은 다르다. 성경에서 이름은 개인의 성품에 관해 설명하는 표현 방식이다.

그러므로 하나님이 자신을 많은 번역 성경에 나타나는 대로 "만군의 여호와"(또는 "전능하신 여호와")라고 부르셨을 때 하나님은 자신의 본성에 대해 위대한 진리를 밝히셨다. 즉 하나님은 만물 위에 계신다. 하나님은 모든 우주적인 세력과 하늘의 군대인 모든 천사를 지휘하신다. 이 이름을 쓰심으로 이스라엘의 하나님은 신으로 불리는 다른 모든 것과 자신을 구분하시고 그것들 위에 놓으신다.

애굽의 신 라, 페니키아의 신 바알, 바벨론 지역의 마르둑은 특정 지역에 대해 '힘'을 갖고 있다고 여겨졌다. 그러나 **여호와 쩨바오트**는 지역 경계나 문화에 제한받지 않으신다. 그분은 **만유**의 주님이시다. 하늘의 주님, 천사들의 주님, 사람들의 주님, 땅과 다른 모든 행성의 주님이시다.

하늘과 땅 그리고 그 가운데 있는 만물을 통치하시는 하나님은 만물을 동시에 다스리신다. 하나님께는 한계가 없다. 하나님의 능력은 우주적이고 무한하다. 즉 전능하다.

현대적인 의미에서 여호와는 직업과 부와 성과 가정 등 우리가 궁극적인 것으로 삼으려 하는 모든 좋은 것을 다스리시는 전능하신 하나님이시다. 하나님은 지역적인 부족의 신이 아니시다. 하나님은 우주적이며 전능하시다. 하나님은 만군의 여호와, 전능자이시다.

당신의 삶에서 만유의 통치자이신 하나님께 맡기지 않은 영역이 있는가?

고백의 기도 | 우주아 만군의 여호와 하나님, 주님은 제가 이해할 수 없는 능력이 있으십니다. 주님을 가두어 두고 제한하려 하는 저를 용서해 주옵소서. 오늘 제게 주님의 전능하신 능력을 보여 주시옵소서. 아멘.

더 깊은 묵상 | 시 84:12; 암 4:13

카도쉬 이스라엘

이스라엘의 거룩하신 이

"너희의 구속자시요 이스라엘의 거룩하신 이이신 여호와께서 이르시되 나는 네게 유익하도록 가르치고 너를 마땅히 행할 길로 인도하는 네 하나님 여호와라"(사 48:17).

"이스라엘의 거룩하신 이"는 하나님의 위대한 칭호 중 하나다. 이는 우리의 창조주에 대해 많은 것을 알려 주는 탐구해 볼 만한 이름이다. **거룩하다**라는 단어는 영어 번역본인 NIV 성경에 625회 나타난다. 이 말은 문자적으로 '자르다'나 '분리하다'를 뜻한다. 따라서 거룩한 것은 부정하고 불결하며 죄악된 모든 것과 분리되어 있다는 뜻이다. 거룩하게 된다는 것은 구별된다는 것이다. 그것은 구분됨을 의미한다.

하나님은 자신을 "거룩하신 이"라고 부르시며, 자신이 신이라고 일컫는 다른 존재들과 다르다는 사실을 우리에게 알려 주신다. 하나님은 독보적인 존재이시다. 더욱이 하나님이 세우시는 나라는 구별된 백성, 주변의 일반적인 기준과는 다른 기준을 따라 행동하는 백성을 요구한다. 우리는 다음과 같은 구절에서 하나님이 기대하시는 바를 볼 수 있다.

- "너희는 내게 거룩한 사람이 될지니"(출 22:31).
- "내가 거룩하니 너희도 거룩할지어다"(레 11:45; 벧전 1:16).
- "거룩함을 따르라"(히 12:14).

그러면 우리처럼 거룩하지 않은 사람들이 어떻게 이런 명령에 부응해서 살 수 있을까? 유일한 대답은 이것이다. "그러므로 예수도 자기 피로써 백성을 거룩하게 하려고 성문 밖에서 고난을 받으셨느니라"(히 13:12). 간단히 말해, 우리는 그리스도의 죽음을 통해서만 거룩해질 수 있다. 예수님이 그분의 은혜와 우리의 믿음을 통해 먼저 우리를 거룩하게 만들어 주셔야만 우리가 거룩해질 수 있다.

거룩은 이스라엘에 대한 하나님의 목표였으며, 또한 우리에 대한 하나님의 목표다. 우리는 순결하게 살고 하나님을 경외하며 삶으로 자신을 구별한다. 이웃과 다르게 살아간다. 우리는 '누군가보다 더 낫게' 행동하려고 노력하지 않는다. 거룩함은 경쟁이 아니기 때문이다. 우리는 예수님을 닮으려고 노력한다. 참된 거룩함은 매력적이기 때문이다. 가장 거룩하지 않은 사람들이 어떻게 예수님께 **이끌렸겠는가?**

당신은 "이스라엘의 거룩하신 이"가 당신을 거룩하게 만드시도록 하는가?

당신은 자신을 거룩하게 여기며 거룩한 삶을 살기 위해 어떤 노력을 기울이고 있는가?

고백의 기도 | 거룩하신 하나님, 저를 거룩하게 하시는 예수님으로 인해 감사를 드립니다. 제가 주변 사람들에게 주님의 거룩하심을 나타내되 '거룩한 척 하지' 않게 도와주옵소서. 아멘.

더 깊은 묵상 | 레 19:1-2; 사 30:11

9부

우리를
구원하시는
능력의 하나님

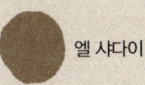 엘 샤다이

 오리

엘 얄라드  말라크 하고엘

 엘 모샤아

**능력의 하나님이
우리를 죽음에서 건져 내셨다.**

야테드 아만 마콤

오르 고임

 엔튕카노

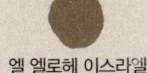 엘 엘로헤 이스라엘  엘 카도쉬

엘 모샤아

구원의 하나님

"하나님은 우리에게 구원의 하나님이시라
사망에서 벗어남은 주 여호와로 말미암거니와"(시 68:20).

고대 신은 모두 특정 힘이나 능력이 있다고 알려져 있었다. 제우스는 신들의 왕이었고, 아테나는 전쟁의 여신, 아폴로는 태양의 신, 포세이돈은 바다의 신이었다. 아프로디테는 사랑과 미의 여신으로 숭배를 받았고, 아레스는 전쟁의 신이었다.

이스라엘의 하나님은 자신을 "구원의 하나님"(엘 모샤아)이라고 밝히심으로 자신을 차별화하셨다. 인간에게 죽음에서 벗어나는 것보다 의미가 있는 일이 어디 있겠는가?

죽음은 거의 태초부터 인류에게 "맨 나중에 멸망 받을 원수"(고전 15:26)였다. 하나님은 아담과 하와가 선악을 알게 하는 나무의 열매를 따 먹으면 반드시 죽을 것이라고 말씀하셨다(창 2-3). 이 명백하고 준엄한 경고에도 불구하고 우리의 시조들은 반역을 선택했다. 그들의 선택은 세상을 죄에 빠지고 망가지게 했다. 그 이후로 인간의 실존은 영적으로나 육적으로나 죽음이 특징이 되었다.

그러나 하나님은 자신을 구원하시는 하나님이라고 밝히심으로 하나님이 죄의 모든 결과(죽음에 이르기까지의 그리고 죽음을 포함하는)에서 우리를 자유롭게 하실 수 있는 분이시라고 선언하신다. 하나님이 부어 주시는 부활의 생명은 타락의 저주를 되돌릴 수 있다. 주님의 죽으심이 죄의 대가를 치른다. 주님의 부활이 새 생명을 가져온다. 이것이 좋은 소식이다. 그리고 우리가 믿기만 하면, 이 복이 우리의 복이 될 수 있다. 구원을 누릴 수 있다(요 5:24).

우리 하나님은 구원의 하나님이시다. 물론 하나님은 그 이상의 일을 하신다. 하나님은 아테나나 아폴로처럼 하나의 '전문 분야'에 국한되지 않으신다. 하나님은 구원하실 뿐 아니라 창조하시고, 구속하시고, 구조하시고, 보호하시는 등 많은 일을 하신다.

오늘 당신의 삶에서 누가 또는 무엇이 구원을 필요로 하는가? 구원의 하나님이신 **엘 모샤아**를 부르라

하나님은 얼마나 다양한 방식으로 당신을 구원하셨는가?

고백의 기도 | 구원의 하나님, 저를 구원하심에 감사를 드립니다. "여호와는 구원이시다"라는 뜻의 이름을 가지신 예수님 안에서, 주님은 저를 죄와 그 밖의 많은 것에서 구원해 주셨습니다. 주님이 저를 구원하시는 모든 다양한 방식을 볼 수 있도록 제 눈을 열어 주옵소서. 아멘.

더 깊은 묵상 | 사 12:2; 요 4:22

82

엘 샤다이

충족하신 이, 전능하신 하나님

"아브람이 구십구 세 때에 여호와께서 아브람에게 나타나서 그에게 이르시되 나는 전능한 하나님이라 너는 내 앞에서 행하여 완전하라"(창 17:1).

하나님은 일흔다섯 살 된 아브람에게 그와 그의 아내 사래가 마침내 부모가 될 것이라고 말씀하셨다. 하지만 11년 뒤에도 여전히 아기가 없자 아브람과 사래는 여종 하갈을 통해 아들을 낳음으로 하나님이 약속을 지키시는 것을 '돕기로' 결정했다. 그러나 하나님은 다른 계획을 갖고 계셨다.

하나님은 아브람에게 나타나셔서 새로운 이름으로 자신을 알리셨다. "나는 엘 샤다이", 즉 전능하신 하나님이라고 하셨다. 히브리어로 이 이름은 위엄 있는 능력과 풍족하게 공급할 수 있으시다는 개념을 담고 있다. 하나님은 그분의 무한한 능력을 아브람에게 상기시키셨다.

하나님은 자신의 뜻을 이루시는 데 아브람의 '도움'을 전혀 필요로 하지 않으셨다. 하나님은 그것이 무슨 일이든지 하실 능력이 있으시다. 심지어 노년이 된 아브람과 사래에게 아이를 주실 수도 있다. 하나님께는 어려운 일이 하나도 없다(창 18:14). 그해에 약속의 아들인 이삭이 태어났다.

우리 하나님은 전능하시므로 못하실 일이 전혀 없다. 너무 큰 문제도 없으시고, 너무 하찮은 염려도 없으시다. 하나님은 우리의 짐을 지시더라도 절대로 지치지 않으신다(마 11:28).

당신의 삶에서 전능하신 하나님이 필요한 한계 상황은 무엇인가?

고백의 기도 | 전능하신 하나님, 주님의 무한한 능력과 돌보심을 찬양합니다. 주님께는 너무 어렵거나 큰 일이 하나도 없다는 진리에 합당한 믿음을 제게 주시옵소서. 아멘.

더 깊은 묵상 | 고후 12:9; 계 11:17

83

야테드 아만 마콤

단단한 곳에 박힌 못

"못이 단단한 곳에 박힘같이 그를 견고하게 하리니 그가 그의 아버지 집에 영광의 보좌가 될 것이요"(사 22:23).

그림을 거는 일은 보기보다 복잡하다. 걸려는 그림이 크다든지 액자가 무거운 경우에 특히 그렇다. 적절한 길이와 강도를 지닌 못이 필요하고, 액자의 무게를 견딜 수 있을 만큼 튼튼한 곳에 그 못을 박아야 한다. 간단히 말해, 단단한 곳에 박힌 강한 못이 필요하다.

그렇지 않으면 최선의 경우라도 액자가 비뚤어진 채 매달려 있을 것이다. 최악의 경우는 액자가 중력을 이기지 못하고 바닥에 떨어져 산산조각날 것이다. 벽에서 못이 빠지면서 석고판이 떨어져 아름다운 그림 대신 보기 흉한 구멍을 남기게 될 것이다!

이사야는 이스라엘 백성이 하나님의 인격과 약속보다는 자기들의 국적과 종교적 유산과 인간 지도자들에게 희망을 걸었을 시기에 예언했다. 당시 이스라엘 백성은 셉나라는 인물이 야심 차게 권력을 잡자 어떤 사람들은 셉나를 단단한 곳에 박힌 못으로 여겼다. 하지만 그들은 틀렸다.

하나님은 은혜를 베푸셔서 셉나를 대신할 엘리야김이라는 지도자를 세우셨다. 하나님은 엘리야김을 힘이 있는 "단단한 곳에" 박으셔서 그에게 모든 것을 매달 수 있게 하셨다. 그러나 엘리야김의 지위는 일시적일 뿐이었다. 오늘날 많은 성경 교사와 학자는 엘리야김을 그리스도의 **예표**라고 본다. 즉 엘리야김의 삶이 앞으로 오실 더 큰 못을 예고한다는 것이다. 결국 오직 예수님만이 "단단한 곳"에 박힌 "말뚝"이나 못이 궁극적으로 묘사하는 바를 진정으로 성취하신다.

죄 사함과 구원과 새 생명, 하나님과의 바른 관계, 이 모든 것이 그리스도에게 달려 있다. 그리스도가 십자가에서 우리 죄의 엄청난 무게를 감당하셨으므로(벧전 2:24), 언제가 우리는 영원하고 무게 있는 영광을 누리게 될 것이다(고후 4:17).

우리는 금융 자산, 외모, 좋은 모임의 회원 자격, 경력 등 많은 것에 희망을 걸 수 있다. 그러나 이런 것들은 우리를 영원히 지탱할 만큼 강력하지 않다. 오직 예수님만이 단단한 곳에 박힌 못이시다. 당신의 후회와 실패를, 당신의 희망과 꿈을, 좋은 것이든 나쁜 것이든 모든 것을 그리스도께 걸 수 있다. 그리스도는 절대로 당신을 떨어뜨리지 않으신다.

당신은 어디에 희망을 거는가?

고백의 기도 | 하나님, 제가 절대로 인간의 지혜나 세상 관념에 희망을 걸지 않게 하옵소서. 주님만이 저를 안전하게 지켜 주실 유일한 "못"이십니다. 아멘.

더 깊은 묵상 | 슥 10:4; 히 6:19

84

오르 고임

이방의 빛

"나 여호와가 의로 너를 불렀은즉 내가 네 손을 잡아 너를 보호하며 너를 세워 백성의 언약과 이방의 빛이 되게 하리니"(사 42:6).

인기 있는 영화나 훌륭한 소설은 모두 유명한 '뜻밖의 반전'이 있다. 앉아서 팝콘을 우적대며 먹고 있는데, 갑자기 이야기가 전혀 상상하지 못한 방향으로 흘러간다. 씹기를 멈추고 눈을 크게 뜬다. 심장이 두근거릴 수도 있다. 선하다고 생각했던 등장인물들이 사악한 면을 드러낸다. 아니면 전혀 두드러지지 않던 인물이 영웅으로 밝혀지기도 한다. 이것이 훌륭한 스토리텔링의 특징이다.

성경 이야기의 반전은 **이스라엘의 빛**이 **이방의 빛**이라는 것이다. 다시 말해 하나님이 히브리 민족을 선택하시고 구원하심으로 시작하는 이야기가 하나님이 모든 족속과 방언과 나라 중에서 백성을 선택하시고 구원하심으로 끝난다는 것이다. 주의 깊게 보면 이를 알 수 있다. 이스라엘 역사는 온 세상을 향한 하나님의 마음을 강력히 암시한다.

안타깝게도 히브리 민족은 종종 이런 단서를 놓쳤다. 그들은 여호와를 **자기들의** 구원자로 보았다. 하나님의 언약 백성으로서 그들은 자기들의 조상인 아브라함과 이삭과 야곱과 다윗에게 약속된 것을 받기를 기대했다. 그러면 유대인이 아닌 사람들은? 그렇지 않았다. 따라서 이사야 선지자가 그들에게 전한 말은 깜짝 놀랄 만한 것이었다. 하나님이 **오르 고임**, 즉 "이방의 빛"이 되실 것이다. 정말 뜻밖의 반전이다! **"이사야, 지금 농담하시는 겁니까? 이방인들이 하나님의 영원한 가족과 계획 일부에 속한다니요?"**

그렇다. 하나님은 히브리 민족에게 **그리고** 이방인에게 빛이 되시겠다고 약속하셨다. 이것은 유대인이 아닌 모든 사람에게 놀라운 소식이다. 십자가의 예수 그리스도를 통해 구원을 베푸실 때, 하나님은 예수님을 따르는 모든 사람에게 죄 사함을 약속하신다. 혈통과 전통과 민족이 어떻든지 상관없다. 십자가에서는 모두가 환영받는다.

당신이 유대인이든지 이방인이든지, "그리스도의 영광의 복음의 광채"(고후 4:4)가 당신의 삶에 비치고 있는가? 그리스도를 만나는 일은 어떤 인생에서나 일어날 수 있는 가장 위대한 뜻밖의 반전이다.

하나님이 모든 민족을 구원하려고 하지 않으셨다면, 당신의 삶은 어떻게 달라졌겠는가?

고백의 기도 | 이방의 빛이신 하나님, 주님은 단순히 한 족속이나 나라나 지역의 하나님이 아니십니다. 주님은 세계적이고 우주적인 하나님이십니다. 모든 사람과 모든 민족을 사랑하심에 감사를 드립니다. 아멘.

더 깊은 묵상 | 창 22:18; 행 13:47

엘 카도쉬

거룩하신 이

"지극히 존귀하며 영원히 거하시며 거룩하다 이름하는 이가 이와 같이 말씀하시되 내가 높고 거룩한 곳에 있으며 또한 통회하고 마음이 겸손한 자와 함께 있나니 이는 겸손한 자의 영을 소생시키며 통회하는 자의 마음을 소생시키려 함이라"(사 57:15).

하나님은 도덕적 불결함에 대해 **전혀** 관대하지 않으시다. 이것이 바로 "거룩하신 이"라는 하나님의 이름이 담고 있는 개념이다. 히브리어의 **거룩하다**라는 단어는 죄와 불완전함이 없음을 뜻한다. 하나님은 오류나 결점이 없으시다. 하나님은 완전히 순결한 빛이시다. 이 거룩하심이라는 속성이 하나님을 타락한 세상의 다른 모든 것과 분리되게 하고 구별되게 한다. 번역 성경들이 "두려우신"이나 "무서우신"으로 표현하는(느 1:5; 시 68:35) 하나님의 눈부신 거룩하심은 죄악된 피조물인 우리가 아무리 노력해도 이해하기 어렵다.

의사가 치명적인 전염병에 걸린 사람들을 격리하려 하거나 무균 수술실을 요구하는 것과 마찬가지로 하나님도 죄를 격리하고 없애기 위해 극도로 엄격한 조치, 심지어 가혹한 조치를 하라고 요구하신다.

죄의 결과를 거룩하신 하나님과 대조해 생각해 보라.

- 거룩하신 하나님을 거스르는 대가는? 죽음이다(롬 6:23).
- 다른 신을 따름에 대한 형벌은? 죽음이다(레 20:3).

- 하나님의 임재에 너무 가까이 다가가는 결과는? 죽음이다(출 19:12).

죄에 대한 이런 끔찍한 결과는 하나님의 거룩하심이 어느 정도인지를 보여 준다. 자석의 N극과 S극처럼, 거룩함과 죄는 공존할 수 없다. 사실 이 둘은 서로 격렬하게 밀어낸다. 감사하게도 이사야 57장 15절은 하나님의 거룩하심이 죄에 대한 혐오뿐만 아니라 잃어버린 자를 찾으시고 구원하시며 살리시려는 열망을 포함한다고 의미를 확장한다. 하나님의 거룩하심은 하나님이 우리를 찾으시고 발견하시는 원동력이다. 완전하신 하나님은 세상을 원래의 거룩하고 완전한 상태로 회복하고자 하신다.

우리를 버리실 만한 이유가 있으심에도, 하나님이 우리를 버리시도록 용납하지 않는 것이 하나님의 순결하심이다. 사랑에 뿌리를 둔 하나님의 거룩하심은 하나님이 우리를 구원하시게 만든다. 하나님은 죄인을 성도가 되게 하시려고 독생자를 보내셨다.

하나님의 거룩하심은 하나님이 죄인들을 죄에서 구원하실 정도로 죄를 미워하신다는 것을 의미한다.

당신은 하나님의 거룩하심을 어떻게 설명하겠는가?

고백의 기도 | 거룩하신 하나님, 저에게 죄를 미워하는 마음과 하나님처럼 거룩하게 되기를 바라는 열망을 주옵소서. 그리스도의 이름으로 기도합니다. 아멘.

더 깊은 묵상 | 시 103:1-3; 겔 36:20-22

86

말라크 하고엘

건지시는 사자

"나를 모든 환난에서 건지신 여호와의 사자께서 이 아이들에게 복을 주시오며 이들로 내 이름과 내 조상 아브라함과 이삭의 이름으로 칭하게 하시오며"(창 48:16).

이런 시나리오를 상상해 보라. 새로운 우체부가 우편물을 전달하러 당신 집에 도착한다. 그런데 우편함에 편지와 청구서들을 넣은 다음 계속 길을 가지 않고 트럭에서 내려 당신의 집을 수리하기 시작한다. 지붕을 보수하고 현관에 페인트칠을 새로 한다. 그런 다음 집 **안에** 들어와 고장 난 식기 세척기를 수리한다. 당신이 이런 서비스에 충격을 받아 기절하자(바닥에 쓰러지다가 모서리에 머리를 부딪혀), 이 도우미 배달부는 당신이 죽거나 더 큰 상처를 입지 않도록 구하고 살려낸다. 이 사람은 분명히 정상적인 우체부가 아니다.

성경 전체에 걸쳐 천사들은 하나님의 "우체부" 역할을 한다. 사실 **천사**라는 호칭은 단순하게 '사자'를 의미하는데, 이는 하나님의 메시지를 하나님의 백성에게 전달하는 자라는 전형적인 천사의 직무 설명과 일치한다. 그러나 야곱이 만났던 천사는 일반적인 천사가 아니었다(창 32:24-32). 이 천사는 단순히 메시지만 전달하지 않고, 야곱을 "건지셨다", 즉 "구속하셨다"(창 48:16). 이 천사는 하나님의 메시지와 하나님의 구속을 **둘 다** 가져오셨다.

많은 학자가 이 천사는 다름 아닌 성육신 이전의 그리스도, 즉 삼위일체의 두 번째 위격이시라고 믿는다. 만약 이것이 사실이라면(증거가 확실하다), 이때 야곱은 알아차리지 못한 채 고치시고 회복하시며 새 생명을 주시는 은혜를 경험한 것이다. 야곱은 생명을 주고 회복시키는 능력이 있으신 사자를 만났다. 야곱은 유일한 구속자이신 사자를 만났다.

우리도 이 구속하시는 사자를 알 수 있다. 그분의 메시지는 소망과 진리와 사랑과 은혜와 자비를 전달한다. 우리도 하나님의 변화시키는 메시지의 전달을 받아들여 구속받고 회복될 수 있다.

하나님은 우리에게 좋은 소식만 전하시지 않는다. 우리에게 새로운 생명도 주신다!

당신은 어떻게 그리고 언제 구속하시는 하나님의 능력을 경험했는가?

고백의 기도 | 하나님, 주님은 저의 구속자이십니다. 좋은 소식을 전해 주시고 저를 구원하심을 감사드립니다! 제가 주님의 도를 듣고 순종하게 도와주옵소서. 제게 지혜를 주셔서 주님이 예상하지 못한 방법으로 저의 삶을 재건하시고 회복하실 수 있음을 알게 하옵소서. 아멘.

더 깊은 묵상 | 사 47:4; 63:9

87

엔튕카노

간구하시는 하나님

"그러므로 자기를 힘입어 하나님께 나아가는 자들을 온전히 구원하실 수 있으니 이는 그가 항상 살아 계셔서 그들을 위하여 간구하심이라"(히 7:25).

때때로 우리에게는 대변자가 필요하다. 대변자는 당신 곁에 서서 당신을 위해 싸우는 사람이다. 예를 들어 중환자실에 있는 아이는 필요한 치료를 받기 위해 그를 위해 끊임없이 노력해 줄 대변자가 필요하다. 대변자는 의료진에게 환자의 병력과 이전의 대화 그리고 상담 내용을 상기시킨다. 때로 대변자는 병원 관리자들에게 약속을 지키라거나 보험사에게 보험금을 지불하라고 강력하게 '촉구'하기도 한다.

그러나 때때로 우리에게는 **간구자**가 필요하다. 간구자는 성격이 다른 중재자다. 대변자가 자신을 위해 싸울 수 없는 사람들을 위해 싸운다면, 간구자는 상대방을 대면할 수 없는 사람들을 위해 싸운다.

하늘 아버지이신 하나님이 거룩하시고 우리는 죄 때문에 하나님께 무엇이든 구할 자격이 없으므로, 우리에게는 간구자가 필요하다. 신약은 이 문제와 관련해서 우리가 잘 대비되어 있다고 확언한다.

예수님이 우리를 위해 간구하신다. "그러므로 자기를 힘입어 하나님께 나아가는 자들을 온전히 구원하실 수 있으니 이는 그가 항상 살아 계셔서 그들을 위하여 간구하심이라"(히 7:25).

성령님이 우리를 위해 간구하신다. "이와 같이 성령도 우리의 연약함을 도우시나니 우리는 마땅히 기도할 바를 알지 못하나 오직 성령이 말할 수 없는 탄식으로 우리를 위하여 친히 간구하시느니라"(롬 8:26).

달리 누가 우리의 간구자가 될 수 있을까? 다른 어느 누가 하나님의 보좌 앞에 서서 우리를 위해 간구할 자격이 있을 만큼 거룩할 수 있을까? 역사와 신학의 기이한 전개를 통해, 성자 하나님과 성령 하나님이 성부 하나님 앞에서 우리가 필요로 하는 간구자가 되신다.

다른 누구도 이런 필요를 충족시킬 수 없기에, 하나님이 친히 우리의 대변자와 간구자와 구원자가 되신다.

하나님이 당신의 간구자라는 사실을 알면 어떤 면에서 위안이 되는가?

고백의 기도 | 하나님, 스스로를 구원할 수 없었기에, 제게는 구원자가 필요했습니다. 제 문제를 주님 앞에 가져다줄 누군가가 필요했습니다. 그런데 주님이 친히 그 필요를 충족시켜 주셨습니다. 저를 위해 간구하도록 하나님의 아들과 성령님을 보내 주셔서 감사합니다. 아멘.

더 깊은 묵상 | 롬 8:27, 34; 딤전 2:5

88

엘 얄라드

너를 낳으신 하나님

"너를 낳은 반석을 네가 상관하지 아니하고
너를 내신 하나님을 네가 잊었도다"(신 32:18).

갓 엄마가 된 지친 산모가 아들을 품에 안은 모습을 아이 아빠가 긴장한 채 바라보고 있다. 그들은 새로 태어난 아이에 대한 기쁨과 열정적인 희망으로 가득 차 있다. 이런 순간에 당신이 그들에게 "그 소중한 작은 녀석이 자라면서 온갖 골치 아프고 가슴 아픈 일을 많이 겪게 할 거예요."라고 말한다면, 그들은 몹시 기분 나빠할 것이다.

성경의 다섯 번째 책이자 모세오경의 마지막 책은 신명기다. 신명기는 역사와 경고, 도전, 신학적 교훈이 모두 담긴 훌륭한 기록이다. 간단히 말해, 신명기는 모세가 지혜를 전달할 마지막 기회이자 잘 잊어버리는 백성에게 영원한 진리를 상기시킬 마지막 기회였다. 모세는 가슴 아픈 말을 전하며 마지막에, "너를 낳으신 하나님"(엘 얄라드)을 언급한다.

히브리어 **얄라드**는 '낳다, 출산하다'를 뜻하는 말로, 새 생명의 기쁨을 떠올리게 한다. 그러나 이 단어는 또한 출산과 관련한 고통을 내포한다. 사람의 탄생이 고통 가운데서 맞는 축하의 시간이듯이, 하나님이 세상에 가져다주실 구원의 통로가 될 히브리 민족의 기적적인 탄생도 오랜 고난과 어려움이라는 배경 가운데서 이루어졌다.

하나님은 우리가 하나님과 우리 서로에게 초래할 모든 고통을 잘 아시면서도 인류를 낳으셨다. 하나님은 그분의 백성이 그분을 버리고 잊을 것임을 미리 아시면서도 이스라엘을 낳으셨다. 하나님은 우리가 믿을 때 우리에게 영적 생명을 주시고 하나님의 자녀로 삼으신다(요 1:12). 우리가 작은 악동이 될 것을 아시면서도 그렇게 하신다.

전능하신 하나님이 자기 마음을 확실히 아프게 할 것임을 다 아시면서도 그런 자손이 태어나게 하시는 이유는 무엇일까? 대답은 당연히 사랑이다. 설명할 수 없고 불합리한 하나님의 사랑이다.

미성숙한 아이들이 부모의 사랑을 당연시하듯이, 미성숙한 신자들은 하나님의 무한한 애정을 제대로 깨닫지 못한다.

그러나 우리가 영적으로 성장하고 은혜를 맛보면, 우리를 낳으신 하나님의 열광적인 사랑에 눈을 뜨게 되면, 우리는 변화된다.

당신이 사랑의 부모이신 하나님을 가장 잊기 쉬울 때는 언제인가?

고백의 기도 | 저를 낳으신 하나님, 제가 일상에서 하나님을 잊지 않게 도와주옵소서. 주님은 제게 무엇이 최선인지를 아십니다. 주님은 제가 어디로 가야 할지 그리고 제게 무엇이 필요한지를 아십니다. 제가 주님을 그리고 저를 위한 주님의 계획을 신뢰하도록 도와주옵소서. 아멘.

더 깊은 묵상 | 사 43:1; 44:24

오리

나의 빛

"여호와는 나의 빛이요 나의 구원이시니 내가 누구를 두려워하리요 여호와는 내 생명의 능력이시니, 내가 누구를 무서워하리요"(시 27:1).

보이 스카우트 대원이 가득한데 함께 쓸 수 있는 손전등이 하나밖에 없다고 상상해 보라. 앞에 있는 소년들은 잘 보이겠지만, 뒤에 있는 소년들은 잘해도 발을 헛디딜 것이다. 최악의 경우는 나무를 그대로 들이받을 것이다. 이런 상황에서는 얼마 가지 않아 누가 손전등을 들 차례인지를 놓고 실랑이를 벌이게 될 것이다! 그러나 모든 스카우트 대원이 손전등을 갖고 있다고 상상해 보라.

이사야 10장 17절은 하나님이 "이스라엘의 빛"이시라고 말한다. 이사야 42장 6절은 하나님이 "이방의 빛"(또는 "민족들의 빛")이라고 말한다. 시편 27편은 또한 하나님의 빛이 개인에게도 있다는 사실을 상기시킨다. 다윗은 "여호와는 나의 빛이요"라고 외친다. 이 약속에는 개인적인 면뿐만 아니라 일대일 관계의 친밀함도 담겨 있다. 하나님은 세상의 빛이시지만, 또한 **나의** 빛이시고 당신의 빛이시다.

이 사실이 함축하는 의미는 엄청나다. 하나님이 당신의 빛이시므로, 당신은 하나님이 목사님이나 사역자나 멘토에게 주신 빛을 기다리면서 어둠 속에 앉아 있을 필요가 없다. 하나님은 **당신의** 마음을 비춰 주실 수 있다. 다시 말해 당신은 하나님과 부모님의 관계나 배우자의 믿음을 의지하지 않아도 된다(적어도 그러지 말아야 한다). 하나님이 **당신의** 빛이 되실 것이다. 하나님은 당신이 자신의 구원을 경험하고 "이루[어]" 가는 동안 당신을 특유하게 인도하실 것이다(빌 2:12).

이는 우리가 고립되고 독립된 삶을 살아야 한다는 말이 아니다. 하나님은 분명히 우리가 공동체 가운데서 살아가도록 부르신다. 그러나 그것은 서로 의지해야 한다는 뜻이지 의존적이어야 한다는 뜻이 아니다. 하나님은 당신의 개인적인 빛이 되기를 원하신다. 그리고 당신의 빛이 다른 신자들의 빛과 연합함으로 우리가 공동체적으로 언덕 위의 도시, 즉 세상의 빛이 되기를 원하신다.

성경에서 가장 자주 인용하는 구절 가운데 하나를 자세히 살펴보라. "하나님이 세상[공동체]을 이처럼 사랑하사 독생자를 주셨으니 이는 그를 믿는 자마다[개인] 멸망하지 않고 영생을 얻게 하려 하심이라"(요 3:16, 설명 추가).

그렇다. 하나님은 세상의 빛이시다. 그러면 하나님이 **당신의** 빛도 되시는가?

하나님의 빛이 당신의 삶을 어떻게 변화시켰는가?

고백의 기도 | 주님, 주님은 저의 길에 빛이십니다. 이 어두운 세상을 지나갈 때 주님이 저를 인도하시고 지도하십니다. 기도하오니, 제 안에 그리고 저를 통해 빛을 비춰 주옵소서. 아멘.

더 깊은 묵상 | 시 18:28; 미 7:8

90

엘 엘로헤 이스라엘

이스라엘의 하나님

"거기에 제단을 쌓고 그 이름을 엘 엘로헤 이스라엘이라 불렀더라"(창 33:20).

야곱은 하나님을 경외하는 가정에서 할아버지 아브라함과 아버지 이삭의 놀라운 이야기를 들으며 자랐다. 그러나 성인이 되어 하나님을 개인적으로 만나기 전까지는 선조의 믿음이 그의 마음에 뿌리 내리지 못했다. 하나님은 벧엘에서 꿈을 통해 처음 야곱에게 나타나셔서(창 28:10-22) 아브라함에게 주어진 풍성한 약속이 그에게도 해당한다고 알려 주셨다. 이를 통해 야곱은 경건한 조상들에게 편승할 수 없다는 것을 깨달았다. 하나님을 따를지 말지는 야곱이 내릴 결정이었다.

여러 해 뒤에, 늘어가는 가족과 함께 가나안으로 돌아가다가 야곱은 다시 하나님을 만났다. 이것이 야곱이 하나님과 '씨름'한 유명한 장면으로, 이때 야곱은 엉덩이뼈가 어긋나 절뚝거리게 되었고 '이스라엘'이라는 새 이름을 얻었다(창 32:24-32). 쌍둥이 형 에서와 재회한 뒤, 세겜에 도착했을 때, 야곱은 제단을 쌓고 그 제단을 **엘 엘로헤 이스라엘**(문자 그대로, **엘**[하나님]은 이스라엘의 하나님이시다)이라고 불렀다.

하나님에 대한 이러한 인정은 야곱에게(그리고 오늘날의 성경 독자에게) 두 가지를 상기시켰다. 첫째로 이 이름은 이스라엘의 하나님을 다른 모든 신과 구별했다. 야곱은 자신을 유일하신 참 하나님과 일체화하고 다른 나라들의 신이라고 불리는 것들과 분리했다. 둘째로 이 이름은 하나님을 관계의 하나님으로 식별했다. 하나님은 단순히 우주의 창조자나 인류의 하나님이 아니시다. 하나님은 매우 개인적이시다. 하나님은 이스라엘(이전에 야곱으로 알려진)이라는 개인의 하나님이시다.

감사하게도, 좋은 소식은 유일하신 참 하나님이 당신의 하나님이 되신다는 것이다. 그리스도를 믿음으로 성경의 하나님을 당신의 하나님으로 선포할 때, 당신은 하나님과 관계를 맺게 된다. 이는 그분이 유일하신 참 하나님이시며, 사람들이 안전과 의미와 정체성을 위해 종종 찾는 세상의 다른 모든 거짓 신보다 우월하시다는 것을 인정하는 것이다.

세상은 돈과 직업, 인기, 외모, 결혼, 우정 등을 삶의 중심으로 삼는다. 그러나 우리는 하나님을 우리 마음과 생각의 중심으로 삼아야 한다. 하루를 마치면, 우리에게 하나의 사실과 하나의 질문이 남는다. 하나님은 이스라엘의 하나님이시다. 그분은 또한 당신의 하나님이신가?

당신이 삶을 돌아볼 때, 하나님이 천사들에게 당신의 하나님이시라고 밝히실 수 있겠는가?

고백의 기도 | 나의 하나님, 주님 앞에 겸손히 엎드립니다. 주님은 단지 인류나 이스라엘이나 세상의 하나님만이 아니십니다. 주님은 **나**의 하나님이십니다. 감사합니다! 아멘.

더 깊은 묵상 | 시 68:8; 사 24:15

10부

우리 삶에
함께하시는
하나님

 디 후 타 판타

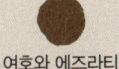 여호와 우지

여호와 샴마  여호와 에즈라티

엘로힘 카로브

하나님은
우리 삶의 모든 순간에 동행하시고
우리를 떠나지 않으신다.

 엘로힘 샤마

 미크웨 이스라엘

룸 로쉬

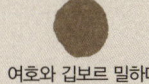 여호와 김보르 밀하마   엘라흐 예루살렘

91

여호와 샴마

여호와가 거기 계시다

"그 사방의 합계는 만 팔천 척이라
그날 후로는 그 성읍의 이름을 여호와삼마라 하리라"(겔 48:35).

아이가 반항할 때, 응급실에 있을 때, 실직했을 때, 희망을 잃었을 때, 악이 승리할 때, 죽음이 닥칠 때 등 우리는 온갖 상황에서 다음과 같은 질문을 던진다. "하나님, 어디 계십니까?" 그런데 이런 순간들에 에스겔 선지자는 우리에게 좋은 해답을 제시한다.

에스겔은 언젠가 종말에 대한 놀라운 환상을 받았다. 그는 하늘의 도성, 새 예루살렘을 보았다. 그리고 하나님이 그 도성에 **여호와 샴마**, 즉 "여호와가 거기 계신다"라는 이름을 붙이시는 것을 들었다. 엄밀히 말해 **여호와 샴마**는 하나님의 칭호라기보다는 장소 이름에 가깝다. 그러나 하늘과 하나님이 매우 밀접하게 관련되어 있으므로, **샴마**는 하나님에게도 적용될 수 있다. 하나님은 참으로 **거기 계신다**.

에스겔의 환상은 앞으로 일이 어떻게 될 것인가를 예고하는 것일 뿐만 아니라 또한 어떻게 시작되었는지, 즉 원래 의도된 방식이 무엇인지를 상기시키는 것이기도 하다. 처음 사람을 창조하셨을 때(창 1-2), 하나님은 에덴이라고 알려진 낙원에서 피조물인 인류와 함께 거니셨다. 아담과 하와는 하나님을 자유롭게 제한받지 않고 만날 수 있었다. 그러나 그들이 죄를 선택했을 때(창 3), 인류는 그 접근권을 잃어버렸다. 구약 시대에는 제사장의 도움을 받아 피의 제사를 통해서만 하나님에게 나아갈 수 있었다.

우리의 큰 대제사장이신 예수님은 십자가에서 자신을 죄를 위한 최종적인 희생 제물로 바치셨다. 예수님의 완전한 삶과 끔찍한 죽음, 영광스러운 부활로 우리는 다시 하나님에게 나아갈 수 있게 되었다.

여호와 샴마는 구약이 하나님에게 부여하는 마지막 이름이다. 신약이 하나님에게 부여하는 첫 번째 이름이 그리스도에게 주어진 '별명', 즉 "하나님이 우리와 함께 계시다"(마 1:23)를 뜻하는 임마누엘이라는 것은 우연이 아니다.

우리가 하나님의 임재를 경험하는 일은 하나님을 얼굴과 얼굴로 뵙게 될 끝없는 날을 바라는 마음을 불러일으키는 것이 되어야 한다.

당신이 하나님의 임재를 깊이 느꼈던 때는 언제인가?

고백의 기도 | 거기 계신 하나님, 제가 믿음으로 하나님의 임재를 누릴 기회를 주옵소서. 그리고 그것이 제게 자극이 되어 언젠가 하나님의 임재를 항상 알고 보게 될 나라를 위해 살게 하옵소서. 아멘.

더 깊은 묵상 | 출 33:14; 시 46

92

엘로힘 카로브

하나님은 가까이 계신다

"우리 하나님 여호와께서 우리가 그에게 기도할 때마다 우리에게 가까이하심과 같이
그 신이 가까이함을 얻은 큰 나라가 어디 있느냐"(신 4:7).

인간의 마음에서 **자신감**보다 더 변덕스러운 것이 있을까? 동료나 상사의 칭찬이나 친구와의 밤 외출이 잠깐 당신의 기분을 들뜨게 할 수 있다. 그리고 무엇이 당신을 강타했는지 미처 깨닫기도 전에, 불친절한 말에 상처받거나 힘든 일상의 좌절감을 주는 상황으로 인해 사기가 저하되어 완전히 패배자가 된 것처럼 느낄 수 있다.

부인할 수 없는 사실은, 우리가 주로 다른 사람이나 삶의 상황에서 격려를 얻으려 한다면, 반드시 실망할 수밖에 없다는 것이다. 친구와 동료 신자들은 우리에게 격려의 원천이 될 수 있고, 원래 그래야만 한다. 그러나 가장 좋은 친구나 가장 충성스러운 사랑하는 이들도 우리를 실망하게 할 수 있다. 힘을 내라. 더 좋은 길이 있다.

신명기는 우리 삶에서 가장 충성스럽고 가장 한결같은 힘이 **가까이** 계시는 우리 하나님이시라는 사실을 상기시킨다. 하나님은 언제나 우리와 함께 계시며, 우리에게 그분의 능력과 확신과 권위와 위로를 불어 넣으신다. 우주에서 가장 강력하신 분이 언제나 우리 곁에 계신다. 낙심되는 현실에 직면해 있는가? 여기 힘을 북돋아 주는 진리가 있다.

- 하나님이 당신과 함께 계신다(당신이 하나님의 임재를 **보거나 느끼지** 못할지라도).
- 하나님은 전능하시고 주권자이시다. 하나님이 통제하신다(그렇지 않은 것처럼 **보일지라도**).
- 하나님의 본성은 사랑이시고, 하나님의 마음은 선하시다(상황이 그렇게 **보이지** 않을지라도).

당신을 일으켜 세울 사람이나 상황을 먼저 찾지 말라. 언제든지, 심지어 이 순간에도, **격려**라는 이 놀라운 실체를 고안해 내신 분에게 직접, 담대하게 나아가라. 당신은 그분의 말씀에 나아갈 수 있다. 기도로 그분에게 나아갈 수 있다. 그분을 향해 손을 들고 그분의 거룩하신 이름을 노래할 수 있다. 이 모든 것보다 더 좋은 격려가 어디 있는가?

언제나 우리와 함께 계시는 하나님을 찾고 신뢰할 때만 우리는 삶의 힘든 일들을 마주하는 데 필요한 확신을 얻을 수 있다.

비록 그렇게 느끼지는 못하더라도, 하나님이 가까이 계신다는 사실을 알게 되면 당신이 현재의 장애물을 대하는 것이 어떤 면에서 달라질 수 있겠는가?

고백의 기도 | 하나님, 가까이 계셔서 감사합니다. 제가 낙담할 때 가장 먼저 주님에게 나아가 새로운 확신을 얻게 하옵소서. 아멘.

더 깊은 묵상 | 레 10:3; 렘 23:23

93

엘로힘 샤마

들으시는 하나님

"하나님이 그들의 고통 소리를 들으시고
하나님이 아브라함과 이삭과 야곱에게 세운 그의 언약을 기억하사"(출 2:24).

하나님을 생각할 때 우리는 하나님의 위대하심에 집중하기 쉽다. 물론 하나님은 **전능하신 창조주**이시며, 만물을 **유지하시는 주권자**이시다. 산 자와 죽은 자를 심판하시는 **의로우신 재판장**이시다. 이런 능력과 거룩하심과 공의로우심은 당연히 우리를 경건한 두려움과 경외심으로 가득 차게 한다. 그러나 만약 하나님을 이런 식으로만 보게 되면, 우리는 하나님께 거리감을 느끼고 우리를 하찮은 존재로 생각할 수 있다.

하나님은 분명히 이런 **위대한** 속성을 모두 지니고 계시지만, 또한 **위대한 경청자**시기도 하다. 우리에게는 이런 관점도 필요하다. 즉 하나님은 우리가 그분께 부르짖을 때 들으시며, 하나님의 자녀를 개인적으로 깊이 돌보신다. 도움이 필요할 때 만사를 제쳐 두고 오는 친구처럼, 하나님은 우리 손을 잡으시고 우리에게 시선을 고정하시며 관심을 기울이신다. 시편 17편 6절은 하나님이 적극적인 **경청자**시라고 확언한다.

하나님은 단지 우리의 말만 들으시는 것이 아니라, 우리 마음의 소리 없는 신음에도 동감하신다(롬 8:26). 하나님의 선하심과 은혜로우신 성품을 이보다 더 잘 보여 주는 그림이 있을까?

당신이 차 안에서나 부엌에서 혼자 답답한 상황이나 예기치 않은 실망스러운 일을 곱씹고 있다고 상상해 보라. 당신은 힘든 회의에 들어가야 하거나 충격적인 소식을 이해하려고 애쓰고 있을 수 있다. 성경은 뭐라고 말하는가? 당신은 유일하신 참 하나님과 실제로 대화할 수 있다. 그뿐만 아니라 그리스도를 믿는 믿음을 통해 하늘의 보좌 앞에 나아갈 수 있다. 더 나아가 그런 혼란스럽거나 긴장되거나 두려운 순간에 하나님이 당신의 말을 **전적으로 경청하실** 것임을 신뢰할 수 있다(엡 3:12; 히 10:19).

그리스도 안에서 하나님이 우리 인간의 고난에 전적으로 공감하신다는 사실을 아는 것은 참으로 든든한 일이다(히 4:14-16). 하나님이 우리를 친밀히 알고 계시기에(시 139:1), 하나님이 우리의 말을 경청하시기에, 하나님이 우리를 온전히 사랑하시기에, 우리는 하나님이 **언제나** 우리의 필요를 채워주실 것임을 확신할 수 있다(빌 4:19).

아무도 관심을 기울이지 않는 것처럼 보이는 때에도, 당신은 하나님이 마음의 부르짖음을 들으신다는 것을 신뢰할 수 있다.

전능하신 하나님이 당신의 기도에 언제나 온전히 관심을 기울이신다는 사실은 기도에 대한 당신의 태도를 어떻게 달라지게 하는가?

고백의 기도 | 하나님, 제 기도를 주목하시고 들어주시니 감사합니다. 주님이 돌보시고 들으시며 사랑하신다는 사실이 얼마나 놀라운지요! 주님의 마음이 선하시며, 주님이 언제나 제게 최선으로 응답해 주실 것을 믿습니다. 아멘.

더 깊은 묵상 | 마 7:9-11; 히 10:19-22; 시 17:6

94

여호와 에즈라티

나의 도움이신 여호와

"주의 얼굴을 내게서 숨기지 마시고 주의 종을 노하여 버리지 마소서
주는 나의 도움이 되셨나이다 나의 구원의 하나님이시여
나를 버리지 마시고 떠나지 마소서"(시 27:9).

일상적으로 우리를 도와주는 다양한 사람들을 생각해 보라. 의사와 간호사와 치료 전문가는 의료상의 필요를 도와준다. 교사와 사서와 교수는 중요한 정보를 찾거나 배우는 것을 도와준다. 트레이너와 멘토는 중요한 기술을 습득하도록 도와준다. 금융 플래너는 미래를 위해 재정을 지혜롭게 관리하고 투자하도록 도와준다.

문제가 생기면 도우미가 곁에 다가와 도와주며, 때로는 **구해 주기도** 한다. 필요가 발생하면, 도우미가 신속히 나타나서 부족한 것을 채워 준다.

성경이 밝히듯이 그리고 역사가 보여 주듯이, 하나님은 이렇게 자기 자녀를 도와주신다. 우리가 어떻게 해야 할지 모를 때, 우리가 연약하거나 낙담하거나 아프거나 두려워할 때, 하나님이 곁에 다가오신다. 하나님이 새로운 통찰력과 격려와 새로운 힘을 주신다.

따라서 우리는 이렇게 말할 수 있다. "주는 나를 돕는 이시니 내가 무서워하지 아니하겠노라 사람이 내게 어찌하리요"(히 13:6).

당신을 돕고자 하시는 하나님의 열망은 당신의 믿음에 어떤 영향을 미치는가?

고백의 기도 | 하나님, 참으로 주님의 모든 도우심을 생각하면, 가슴이 벅찹니다. 주님이 저를 도우시는 분이라는 진리를 생각하면, 기쁨이 넘칩니다! 아멘.

더 깊은 묵상 | 창 49:25; 신 33:7; 대하 14:11

95

엘라흐 예루살렘

예루살렘의 하나님

"네 하나님의 성전에서 섬기는 일을 위하여 네게 준 그릇은
예루살렘 하나님 앞에 드리고"(스 7:19).

세상에는 엄청난 도시들이 아주 많다. 중요한 정치적 수도들, 이리저리 뻗어나가는 대도시들, 인종과 문화의 매혹적인 용광로들, 번화한 상업 중심지들, 아름다움과 역사와 예술이 맥동하는 중추 도시들이 있다.

이런 엄청난 도시들과 달리, 예루살렘은 거대하지 않다(면적으로도 인구로도). 전략적인 위치에 있지도 않다. 그러나 예루살렘보다 상징적인 도시는 없을 것이다. 성경에서 예루살렘은 800번 이상 언급된다. 그러나 그 이유는 예루살렘이 고대 이스라엘의 정치적 수도라서가 아니라 하나님이 거처로 택하신 장소가 예루살렘이기 때문이다!

예루살렘은 솔로몬이 최초의 성전을 세운 곳이다. 그 거대하고 화려하며 중심이 되는 "기도하는 집"에서 사람들은 하나님에게 나아갔다. 예루살렘 성전은 하나님이 임재하시는 장소였다. 거기에서는 끊임없이 제사를 드렸고, 민족적인 절기를 행했다. 예루살렘은 죄를 속죄받는 곳이요, 하나님의 도를 배우고 토론하는 곳이었으며, 이스라엘 민족이(그리고 개인이) 하나님의 인도하심을 구하는 장소였다. 이스라엘 백성들은 하나님에 대한 사랑과 헌신을 표현하고 새롭게 하며 하나님의 임재와

복을 찬양하기 위해 매년 예루살렘을 순례했다. 사람들이 어떤 장소에 대해 이보다 더 자부심을 가진 곳이 있을지 궁금할 것이다.

예루살렘은 단지 물리적인 도시가 아니라 영원하고 영적인 소망의 장소다. 성경이 거듭해서 우리에게 말하듯이, 이곳은 하나님이 그분의 이름을 두기 위해 택하신 곳이다. "이는 내가 영원히 쉴 곳이라 내가 여기 거주할 것은 이를 원하였음이로다"(시 132:13-14).

예루살렘의 다채롭고 격동적인 역사는 인류와 관계를 맺으려 하시고, 심지어 사람들이 잘못된 길로 갈 때도 용서를 베풀고자 하시는 하나님의 수그러들지 않는 열망을 입증하고 상징한다. 이런 사실은 예루살렘에서 일어난 예수 그리스도의 삶과 죽음과 부활에서 가장 생생하게 볼 수 있다. 이 모든 일이 예루살렘 역사의 일부이기에, 예루살렘의 하나님은 우리에게 소망이 가득한 미래를 주실 수 있다.

그러므로 "예루살렘의 하나님"을 예배할 때, 우리는 하나님이 우리와 함께 거하기 원하셨다는 것을 기억한다. 이는 그분이 단지 우주의 하나님이시기 때문이 아니라 자기 백성과 함께 살기를 원하시는 하나님이시기 때문이다.

당신은 어디에서 하나님을 만나는가? 교회에서? 침실에서? 자연에서?

고백의 기도 | 하나님, 주님이 예루살렘에서 주님의 백성에게 보여 주신 변함없는 사랑의 모습은 주님이 모든 주님의 백성에게 베푸시는 사랑에 대한 감동적인 계시입니다. 제가 그 사랑 안에 살게 하옵소서. 아멘.

더 깊은 묵상 | 왕하 21:7; 대하 7:16; 32:19

96

여호와 우지

나의 힘이신 여호와

"여호와는 나의 힘과 나의 방패이시니 내 마음이 그를 의지하여 도움을 얻었도다 그러므로 내 마음이 크게 기뻐하며 내 노래로 그를 찬송하리로다"(시 28:7).

아픈 아이와 함께 밤을 새운 젊은 싱글맘은 직장에서 고된 하루를 맞는다. 그녀에게 가장 필요한 것은 무엇일까? 간단하다. **힘**이 필요하다. 소셜 미디어 피드의 영감을 주는 인용문들과 에너지 바가 그런 역할을 할 수 있다. 그러나 그녀에게 진짜로 필요한 것은 발을 계속 내디딜 수 있게 해주는 체력과 정서적인 힘과 영적 근육의 주입이다.

대부분 사람은 때때로 약간의 추가 도움을 이용한다. 그러나 아무것도 필요해 보이지 않는 사람들도 있다. 외부인이 보기에 이스라엘 왕 다윗은 아마도 그런 사람이었을 수 있다. 다윗은 세상에서 가장 강력한 인물 가운데 한 사람이었다. 다윗은 정치적 영향력과 군사력, 그리고 그가 다 쓸 수 없을 만큼 많은 부를 지녔다. 다윗은 세계 최고의 개인 보안 부대, 왕궁을 보호해 주는 요새, 조언을 해 줄 지혜롭고 경건한 선지자들과 제사장들을 마음껏 활용할 수 있었다.

그러나 다윗은 하나님이 없으면 모든 '보호 장치'가 기만이며 불안할 뿐이라는 사실을 알만큼 지혜로웠다. 다윗은 우리의 세상적인 이점보다 힘에 대한 우리의 필요성이 언제나 더 크다는 점을 잘 이해했다.

우리는 흔히 "하나님은 절대로 네가 감당할 수 있는 이상의 것을 주시지 않는다"라는 금언을 주고받는데, 다윗이라면 틀림없이 이 말을 비웃었을 것이다. 이 말은 맞는 것처럼 **들린다**. 심지어 자비롭게 들린다. 그러나 이 말은 성경적이지 않다. 다윗은 하나님이 **자주** 자기 백성의 삶에 고난을 허락하신다고 주장했을 것이다. 이런 고난은 우리가 하나님을 바라보고 하나님을 의지하게 만든다.

오늘 지칠 대로 지쳐 있는가? 주님을 바라보라. 육체적으로 힘이 빠졌다든지 감정적으로 피곤함을 느끼는 것이 아니라도, 하나님을 바라보라. '하루를 버텨내기' 위해 하나님의 힘을 의지하라. 당신에게 하나님의 힘을 충만하게 하시고 활력을 주셔서, 하나님을 위해 살고 말할 수 있게 해 달라고 간구하라(행 1:8). 죄에 저항하고 다른 사람들의 삶을 변화시킬 힘을 달라고 간구하라. 그리고 "우리 가운데서 역사하시는 능력대로 우리가 구하거나 생각하는 모든 것에 더 넘치도록 능히 하실"(엡 3:20) 하나님의 능력에 대해 하나님에게 감사하라.

당신의 삶에서 하나님의 힘이 가장 필요한 곳은 어떤 부분인가?

고백의 기도 | 나의 힘이신 주님, 주님만이 저를 강하게 하실 수 있습니다. 주님을 떠나서는, 제가 아무것도 할 수 없기 때문입니다. 제 삶에서 주님을 의지하게 하는 것들로 인해 주님에게 감사를 드립니다. 아멘.

더 깊은 묵상 | 시 59:17; 사 40:31; 고후 12:8-9

97

룸 로쉬

나의 머리를 드시는 자

"여호와여 주는 나의 방패시요 나의 영광이시요
나의 머리를 드시는 자이시니이다"(시 3:3).

소녀는 지치고 겁에 질려 있었다. 지진으로 아이티에 있는 소녀의 집이 파괴되고 아는 모든 사람과 헤어진 지 일주일이 지났다. 얼굴은 더러워졌고, 눈물에 젖어 있었다. 옷이 찢어지고, 배가 고팠다. 누구와도 눈을 마주치기가 두려워, 그저 땅바닥만 내려다보며 소망 없이, 정처 없이 터벅터벅 걷고 있었다.

한 다정한 친구가 이 소녀를 발견하고 달려가서 소녀의 어깨를 잡았다. 그런 다음 소녀의 턱을 조심스레 받쳐 들며 머리를 들어 올렸다. 소녀는 갑자기 친절하고 익숙한 두 눈을 마주하게 되었다. 소녀의 마음에는 즉시 새로운 힘과 소망이 솟아났다. 소녀가 혼자가 아니라는 사실을 강력하게 깨닫는 순간이었다. 소녀의 상황은 더 이상 절망적이지 않았다. 소녀와 함께 걸으며 필요로 하는 도움을 얻도록 도와줄 친구가 있었다.

다윗에 따르면, 하나님은 우리의 머리를 드시는 친구이시다. 다윗은 우울해지고 짓눌리는 것이 무엇인지 알았다. 다윗은 슬픔과 비통을 이해했다. 다윗은 죄책감과 수치와 고통을 잘 알고 있었다. 그러나 다윗은 또한 하나님이 그의 턱을 받쳐 드시고, 그의 머리를 드시며, 소망을 주신다는 것이 어떤 것인지를 알았다.

이 망가진 세상에서 사람으로 산다는 것은 고통과 고난을 겪는 것이다. 욥기에서 말하는 그대로다. "사람은 고생을 위하여 났으니 불꽃이 위로 날아가는 것 같으니라"(5:7). 그러나 고통이 현실이지만, 하나님이 주시는 위로와 도움도 현실이다.

하나님은 다정하게 우리의 머리를 드시고, 우리의 눈을 바라보시며, 우리를 높여 주시고, 우리가 혼자가 아님을 알려 주신다.

하나님이 당신의 턱을 받쳐 드시면서 소망을 주신다는 것을 마지막으로 느꼈던 때는 언제인가?

고백의 기도 | 하나님, 제가 절망 가운데 있을 때 주님은 사랑으로 부드럽게 제 머리와 눈을 들어 올리십니다. 주님의 끊임없는 사랑에 감사드립니다. 소망을 주시는 주님께 감사드립니다. 아멘.

더 깊은 묵상 | 욥 22:26; 시 121:1-2

98

미크웨 이스라엘

이스라엘의 소망

"이스라엘의 소망이신 여호와여 무릇 주를 버리는 자는 다 수치를 당할 것이라 무릇 여호와를 떠나는 자는 흙에 기록이 되오리니 이는 생수의 근원이신 여호와를 버림이니이다"(렘 17:13).

하나님 외에 다른 무언가에 소망을 두었던 적이 있는가? 우리는 대부분 이런 말을 한다. "진급만 하면 만사 오케이인데." "건강해지기만 하면, 모든 문제가 해결될 텐데." "이사하면 행복할 텐데."

우리와 마찬가지로, 고대 이스라엘 사람들도 왕과 이웃의 거짓 신들과 이웃 나라와의 평화 조약 등 온갖 것에 소망을 두는 경향이 있었다. 그러나 새로운 직장이나 이사가 우리의 모든 문제를 해결할 수 없는 것처럼, 그런 것은 어떤 것도 그들을 만족시킬 수 없었다. 하나님은 족장들과 사사들과 선지자들을 통해 자기 백성에게 거듭해서 하나님에게 소망을 두라고 촉구하셨다. 하나님만이 우리를 실망하게 하지 않는 유일한 분이시다(하나님이 하시는 일이 때로 우리를 놀라게 하거나 낙심하게 할지라도).

아무리 생각해 보아도, 유대 민족은 격동의 역사를 지녔다. 적들이 그들을 쫓아내기도 하고, 심지어 지면에서 쓸어버리려고도 했다. 그러나 하나님은 결코 그들을 잊지 않으셨다. 예레미야가 선포했듯이, 하나님은 **미크웨 이스라엘**, 즉 "이스라엘의 소망"이시다. 과거에도 그랬고, 오늘날도 그렇다. 더욱이 이것은 **영원히** 참된 언약이다.

아브라함의 육적 자손이 아니지만 믿음으로 아브라함의 자녀가 된 우리는 어떠한가(참조. 롬 9-11)? "이스라엘의 소망"은 우리에게도 유일한 참 소망이시다.

그러면 하나님에게 소망을 둔다는 말은 실제로 무엇을 의미하는가? 우리는 많은 경우에 실제로 **바라는** 것을 의미할 때 **소망**이라는 말을 사용한다. 성경적인 소망은 행운의 토끼 발을 문지르면서 손가락을 꼬는 것 이상이다. 성경적인 소망은 확고한 기대다. 하나님에게 소망을 둔다는 것은 당신의 문제를 직시하고, 하나님의 틀림없는 약속과 확실한 성품을 신뢰하는 것이다.

종종 우리의 소망을 세상 것, 재정 포트폴리오나 특정 정당, 지도자, 좋은 직업, 건강 증명서 같은 것에 두려는 유혹이 있을 수 있다. 그러나 이런 것들은 모두 흔들리고, 불확실하며 덧없는 것임을 기억하는 것이 중요하다. 오직 하나님만이 우리의 소망이 되기에 합당하시다. 당신은 하나님을 의지할 수 있다. 하나님이 언제나 약속을 지키시기 때문이다.

당신이 하나님 외에 일상적으로 안전과 구원을 바라며 의지하는 것은 무엇인가?

고백의 기도 | 하나님, 주님은 이스라엘의 소망이시며, 또한 저의 소망이십니다. 주님은 모든 약속을 지키십니다. 실망하게 할 것들을 신뢰하는 저의 어리석음을 깨우쳐 주옵소서. 아멘.

더 깊은 묵상 | 사 40:31; 렘 14:8

99

여호와 깁보르 밀하마

전쟁에 능하신 여호와

"영광의 왕이 누구시냐
강하고 능한 여호와시요 전쟁에 능한 여호와시로다"(시 24:8).

삶이 끝없는 전쟁처럼 느껴지는가? 직장에서는 동료와, 집에 돌아오면 아이와 다툰다. 포기하고 싶은 충동과 싸우기도 한다.

싸워야 할 무엇인가가 늘 있다. 시청, 불의, 중독, 우리의 꿈을 위협하는 장애물 등 삶에는 이렇게 많은 싸움이 있다. 그러므로 고대 이스라엘의 전투 전략을 공부하면 도움이 된다. 이스라엘은 전투에 나설 때마다 언약궤를 가지고 갔다. 사실은 언약궤를 앞세우고 그 뒤를 따라갔다. 왜 그랬을까? 하나님의 임재가 바로 그곳에 자기들과 함께하신다는 것을 믿었기 때문이다. 그들은 하나님이 자기들의 왕이시며, 하나님의 임재가 언약궤와 함께 어디든지 가신다고 믿었다.

또한 이스라엘은 하나님이 "전쟁에 능한" 분이심을 믿었고, 이스라엘 역사는 하나님이 그들을 위해 싸우실 것이라는 확신을 주었다. 하나님은 모세의 눈앞에서 애굽 사람들을 물리치셨다(출 14). 여호수아에게는 전쟁의 승리를 주셨다(수 1:9; 23:3, 10). 유다의 도시에 대한 느부갓네살의 공격을 격퇴하셨다. 자기 백성을 도우시고 그들의 적을 심판하시기 위해, 메대를 일으켜 바벨론을 멸망시키기도 하셨다(사 13:4, 17, 19).

이런 싸움은 모두 군사적이고 물리적인 전투였다. 그러나 하나님이 싸우시는 전투는 물리적인 것만이 아니다. 하나님은 이스라엘의 국경을 확보하시고 자기 백성에게 가장 좋은 땅을 주시는 일 이상에 관심이 있으셨다. 하나님은 스스로 영광을 얻으셔서 이른바 신이라고 하는 다른 것보다 하나님이 우월하시다는 것을 보여 주기를 원하셨다. 하나님은 사람들의 마음을 정복하셔서 그들을 자기에게로 이끄셔서 복을 주시기를 원하셨다. 그리고 하나님의 성품이 변하지 않으시므로, 하나님은 오늘날 우리의 삶에서도 여전히 똑같은 일을 추구하신다.

당신은 무엇과 싸우고 있는가? 질병인가? 어려운 결정을 내려야만 하는가? 어쩌면 청구 대금을 지급하려고 애쓰거나 결혼 생활을 지키기 위해 싸우고 있을 수도 있다. 우리가 아는 것은 이것이다. 하나님이 당신을 위해 그분 자신의 강하심을 보여 주기를 원하신다는 것이다. 하나님은 자기 백성을 위해 싸우신다. 그분은 **여호와 깁보르 밀하마**, "전쟁에 능한 여호와"이시다. 오늘 하나님이 당신을 위해 싸워 주시기를 간구하고, 하나님이 그렇게 하실 것을 신뢰하라.

하나님이 당신을 위해 싸워 주신 때와 방법은 무엇인가?

고백의 기도 | 하나님, 찬양과 감사를 드립니다. 주님이 전쟁에 능한 여호와이시기 때문입니다. 주님은 제가 혼자 싸우게 내버려 두지 않으시며, 저를 위해 칼을 들고 싸우십니다. 아멘.

더 깊은 묵상 | 출 5:3; 15:6; 삼상 17:45

100

디 후 타 판타

나의 전부

"그러나 우리에게는 한 하나님 곧 아버지가 계시니 만물이 그에게서 났고 우리도 그를 위하여 있고 또한 한 주 예수 그리스도께서 계시니 만물이 그로 말미암고 우리도 그로 말미암아 있느니라"(고전 8:6).

"……은 나의 전부다!"라는 말의 빈칸을 채워 보라.

누구에게나 "전부"인 것이 있다. 그것은 배우자나 자녀일 수도 있고, 친구일 수도 있다. 특정한 학위 과정에 들어가기 위한 높은 점수일 수도 있다. 어떤 스포츠나 직업에서 성공을 거두는 것, 사랑과 존경을 받는 것, 어떤 생활 방식대로 사는 것, 항상 멋있게 보이는 것일 수도 있다. 우리는 모두 우리에게 모든 것을 의미하는 **무언가**가 있고, 그 무언가는 우리의 **전부**다.

그런데 여기서 삶이 까다로워진다. 우리가 어떤 사람이나 물건이나 목표에 주된 관심과 충성과 애정을 쏟으면, 실질적으로 우리는 그것을 **숭배**하게 된다(숭배는 무언가에 가치를 부여하는 행위이기 때문이다). 그러나 하나님은 "**나를** 숭배하라. **나를** 너의 전부로 삼아라."라고 말씀하신다. 완전한 창조주이시며 모든 좋은 것의 근원이신 하나님께서 피조물이 그분을 삶의 중심으로 삼기를 원하신다는 것은 당연한 이치다.

다른 무언가가 당신의 전부일 때는 하나님이 당신의 **전부**가 되실 수 없다. 당신은 하나님께 헌신하면서 동시에 당신의 직업이나 이미지나

지위나 은행 잔고에 헌신할 수 없다. 자녀가 가장 높은 자리를 차지한다면, 하나님은 당신의 삶에서 궁극적인 존재가 되실 수 없다.

하나님의 말씀은 우리가 하나님을 첫 자리에 두어야 한다고 말한다. 하나님이 우리의 전부가 되셔야 한다고 말한다. 우리는 우리가 가진 모든 것, "온갖 좋은 은사와 온전한 선물"(약 1:17)이 하나님에게서 온다는 사실을 인정한다. 우리는 선물이 아니라 선물을 주시는 분을 숭배한다. 우리는 하나님이 우리의 길에 주시는 모든 복, 외모나 똑똑함이나 재능이나 사업 감각이나 교육 기회 등에 감사한다. 그러나 그런 좋은 것들을 궁극적인 것으로 삼지는 않는다.

오늘의 그리고 매일의 도전은 하나님을 **당신의 전부**로 삼는 것, 즉 하나님이 "만물이 으뜸"(골 1:18)이 되시도록 살아가는 것이다. 하나님이 당신의 삶에서 으뜸이신가?

당신은 '나는 전부를 원해'(All I Want Is Everything)라는 노래에 공감할 수도 있다. 복음은 우리가 모든 것을 포기하고 하나님을 우리의 전부로 삼을 때만 우리가 전부를 발견할 수 있다고 말한다.

오늘 당신의 전부는 무엇인가? 당신의 삶에서 하나님을 능가하려고 하는 욕망은 무엇인가?

고백의 기도 | 하나님, 주님을 제 전부로 삼기를 원하면서도 저는 덜 중요한 것들에 쉽게 이끌립니다. 주님에게 초점을 맞추고 다른 무언가를 제 삶의 첫 자리에 두려는 유혹을 물리치게 도와주시옵소서. 아멘.

더 깊은 묵상 | 신 6:5; 마 6:33

부록.

색인 및 스트롱 사전 번호

스트롱 사전의 번호 체계는 성경 독자들이 성경을 연구하는 데 도움이 된다. 각 번호를 이용해 스트롱 사전에서 각 단어를 찾아보면, 단어에 대한 더 완전한 정의를 얻을 수 있다.

가장 경외로우신 하나님(p. 190)
히브리어: 엘로힘 야레
참조 성구: 시편 68:35
스트롱 번호: 3372

거처(p. 46)
히브리어: 마온
참조 성구: 시편 90:1
스트롱 번호: 4583

간구하시는 하나님(p. 212)
헬라어: 엔튕카노
참조 성구: 히브리서 7:25
스트롱 번호: 1793

건지시는 사자(p. 210)
히브리어: 말라크 하고엘
참조 성구: 창세기 48:16
스트롱 번호: 4397, 1350

거룩하게 하시는 여호와(p. 68)
히브리어: 여호와 카다쉬
참조 성구: 출애굽기 31:12-13
스트롱 번호: 6942

건지시는 여호와(p. 44)
히브리어: 여호와 팔라트
참조 성구: 시편 144:2
스트롱 번호: 6403

거룩하신 이(p. 208)
히브리어: 엘 카도쉬
참조 성구: 이사야 57:15
스트롱 번호: 6918

견고한 망대(p. 50)
히브리어: 미그달 오즈
참조 성구: 시편 61:3
스트롱 번호: 4026, 5797

구속자이신 하나님(p. 66)
히브리어: 여호와 고엘
참조 성구: 이사야 49:26
스트롱 번호: 1350

구원의 하나님(p. 200)
히브리어: 엘 모샤아
참조 성구: 시편 68:20
스트롱 번호: 4190

그 이름(p. 18)
히브리어: 하쉠
참조 성구: 레위기 24:11
스트롱 번호: 8034

기꺼이 용서하시는 하나님(p. 64)
히브리어: 엘로아흐 셀리호트
참조 성구: 느헤미야 9:17
스트롱 번호: 5547

너를 낳으신 하나님(p. 214)
히브리어: 엘 얄라드
참조 성구: 신명기 32:18
스트롱 번호: 3205

나를 살피시는 하나님(p. 108)
히브리어: 엘 로이
참조 성구: 창세기 16:13
스트롱 번호: 7200

나를 위하여 보복하시는 하나님(p. 162)
히브리어: 엘 나탄 네카마
참조 성구: 사무엘하 22:48
스트롱 번호: 5360

나의 공급자이신 하나님(p. 62)
히브리어: 여호와 이레
참조 성구: 창세기 22:13-14
스트롱 번호: 3070

나의 구원의 뿔(p. 56)
히브리어: 케렌 예샤
참조 성구: 사무엘하 22:3
스트롱 번호: 7161, 3468

나의 구원이신 하나님(p. 52)
히브리어: 엘 예슈아티
참조 성구: 이사야 12:2
스트롱 번호: 3444

나의 깃발이신 여호와(p. 90)
히브리어: 여호와 닛시
참조 성구: 출애굽기 17:15
스트롱 번호: 5251

나의 도움이신 여호와(p. 228)
히브리어: 여호와 에즈라티
참조 성구: 시편 27:9
스트롱 번호: 5833

나의 머리를 드시는 자(p. 234)
히브리어: 룸 로쉬
참조 성구: 시편 3:3
스트롱 번호: 7311, 7218

반석(p. 146)
히브리어: 쭈르
참조 성구: 신명기 32:4
스트롱 번호: 6697

나의 반석이신 하나님(p. 40)
히브리어: 엘 셀리
참조 성구: 시편 31:3
스트롱 번호: 5553

나의 빛(p. 216)
히브리어: 오리
참조 성구: 시편 27:1
스트롱 번호: 216

나의 전부(p. 240)
헬라어: 디 후 타 판타
참조 성구: 고린도전서 8:6
스트롱 번호: 3588

나의 피난처이신 여호와(p. 54)
히브리어: 여호와 마흐시
참조 성구: 시편 46:1
스트롱 번호: 4268

나의 힘이신 여호와(p. 232)
히브리어: 여호와 우지
참조 성구: 시편 28:7
스트롱 번호: 5797

남편(p. 158)
히브리어: 바알
참조 성구: 이사야 54:5
스트롱 번호: 1166

내 생명의 하나님(p. 106)
히브리어: 엘 하야이
참조 성구: 시편 42:8
스트롱 번호: 410, 2416

농부(p. 120)
헬라어: 게오르고스
참조 성구: 요한복음 15:1
스트롱 번호: 1092

단단한 곳에 박힌 못(p. 204)
히브리어: 야테드 아만 마콤
참조 성구: 이사야 22:23
스트롱 번호: 3489, 539, 4725

대언자(p. 166)
헬라어: 파라클레토스
참조 성구: 요한일서 2:1
스트롱 번호: 3875

들으시는 하나님(p. 226)
히브리어: 엘로힘 샤마
참조 성구: 출애굽기 2:24
스트롱 번호: 430, 8085

등불(p. 98)
히브리어: 네르
참조 성구: 사무엘하 22:29
스트롱 번호: 5216

때리시는(훈육하시는) 여호와(p. 160)
히브리어: 여호와 마케
참조 성구: 에스겔 7:9
스트롱 번호: 5221

만군의 여호와(p. 194)
히브리어: 여호와 쩨바오트
참조 성구: 이사야 1:24
스트롱 번호: 6635

만왕의 왕(p. 142)
헬라어: 바실류스 바실레온
참조 성구: 요한계시록 19:16
스트롱 번호: 935

말씀(p. 34)
헬라어: 로고스
참조 성구: 요한복음 1:1
스트롱 번호: 3056

모든 위로의 하나님(p. 94)
헬라어: 데오스 파스 파라클레시스
참조 성구: 고린도후서 1:3-4
스트롱 번호: 2316, 3956, 3874

미워하시는 하나님(p. 164)
히브리어: 사네
참조 성구: 시편 5:5
스트롱 번호: 8130

방패이신 여호와(p. 48)
히브리어: 여호와 마겐
참조 성구: 시편 33:20
스트롱 번호: 4043

불변자(p. 150)
히브리어: 로 샤나
참조 성구: 말라기 3:6
스트롱 번호: 8138

사랑하시는 하나님(p. 110)
히브리어: 엘로힘 아하바
참조 성구: 예레미야 31:3
스트롱 번호: 160

사사(p. 156)
히브리어: 샤파트
참조 성구: 창세기 18:25
스트롱 번호: 8199

살아 계시는 하나님(p. 124)
히브리어: 엘 하이
참조 성구: 시편 42:2
스트롱 번호: 2416

생명의 회복자(p. 117)
히브리어: 슈브 네페쉬
참조 성구: 룻기 4:15
스트롱 번호: 5315, 7725

생수의 근원(p. 126)
히브리어: 마코르 하이 마임
참조 성구: 예레미야 2:13
스트롱 번호: 4726, 2416, 4325

소멸하는 불(p. 154)
히브리어: 아칼 에쉬
참조 성구: 신명기 4:24
스트롱 번호: 398, 784

스스로 있는 자(p. 27)
히브리어: 여호와
참조 성구: 출애굽기 3:14
스트롱 번호: 1961, 3068

신실하신 하나님(p. 72)
히브리어: 엘 하네에만
참조 성구: 신명기 7:9
스트롱 번호: 539

아버지(p. 36)
아람어: 아빠
참조 성구: 갈라디아서 4:6
스트롱 번호: 5

야곱의 전능자(p. 148)
히브리어: 아비르 야아코브
참조 성구: 창세기 49:24
스트롱 번호: 46, 3290

여수룬의 하나님(p. 80)
히브리어: 엘 여수룬
참조 성구: 신명기 33:26
스트롱 번호: 3484

여호와가 거기 계시다(p. 222)
히브리어: 여호와 샴마
참조 성구: 에스겔 48:35
스트롱 번호: 8033

여호와는 나의 목자이시다(p. 88)
히브리어: 여호와 로이
참조 성구: 시편 23:1-3
스트롱 번호: 7462

여호와는 평화이시다(p. 112)
히브리어: 여호와 샬롬
참조 성구: 사사기 6:24
스트롱 번호: 7965

열방의 왕(p. 192)
히브리어: 멜레크 하고임
참조 성구: 예레미야 10:7
스트롱 번호: 4428, 1471

영(p. 22)
헬라어: 프뉴마
참조 성구: 요한복음 4:24
스트롱 번호: 4151

영광의 하나님(p. 186)
히브리어: 엘 하카보드
참조 성구: 시편 29:3
스트롱 번호: 3519

영원하신 왕(p. 133)
헬라어: 바실레이 톤 아이오논
참조 성구: 디모데전서 1:17
스트롱 번호: 935, 165

영원하신 하나님(p. 140)
히브리어: 엘 올람
참조 성구: 창세기 21:33
스트롱 번호: 5769

예루살렘의 하나님(p. 230)
아람어/히브리어: 엘라흐 예루살렘
참조 성구: 에스라 7:19
스트롱 번호: 426(아람어), 3390(히브리어)

옛적부터 계신 이(p. 130)
아람어: 아티크 요민
참조 성구: 다니엘 7:9
스트롱 번호: 3118, 6268

요새(p. 42)
히브리어: 메쭈다
참조 성구: 사무엘하 22:2
스트롱 번호: 4686

용서하시는 하나님(p. 76)
히브리어: 엘 나사
참조 성구: 시편 99:8
스트롱 번호: 5375

우리의 의이신 여호와(p. 170)
히브리어: 여호와 찌드케누
참조 성구: 예레미야 33:16
스트롱 번호: 6664

위엄(p. 179)
히브리어: 호드
참조 성구: 욥기 37:22-23
스트롱 번호: 1935

유일하게 지혜로우신 하나님(p. 96)
헬라어: 데오스 모노스 소포스
참조 성구: 로마서 16:27
스트롱 번호: 3441, 4680, 2316

은밀한 것을 나타내시는 이(p. 100)
아람어: 겔라 라즈
참조 성구: 다니엘 2:28
스트롱 번호: 1541, 7328

은혜의 하나님(p. 74)
히브리어: 여호와 하눈
참조 성구: 시편 116:5
스트롱 번호: 2587

의로우신 이(p. 172)
히브리어: 짜디크
참조 성구: 시편 145:17
스트롱 번호: 6662

이방의 빛(p. 206)
히브리어: 오르 고임
참조 성구: 이사야 42:6
스트롱 번호: 1471

이스라엘의 거룩하신 이(p. 196)
히브리어: 카도쉬 이스라엘
참조 성구: 이사야 48:17
스트롱 번호: 6918

이스라엘의 반석(p. 58)
히브리어: 쭈르 이스라엘
참조 성구: 사무엘하 23:3-4
스트롱 번호: 6697, 3478

이스라엘의 빛(p. 84)
히브리어: 오르 이스라엘
참조 성구: 이사야 10:17
스트롱 번호: 216

이스라엘의 소망(p. 236)
히브리어: 미크웨 이스라엘
참조 성구: 예레미야 17:13
스트롱 번호: 4723, 3478

이스라엘의 하나님(p. 218)
히브리어: 엘 엘로헤 이스라엘
참조 성구: 창세기 33:20
스트롱 번호: 430, 3478

자비로우신 하나님(p. 70)
히브리어: 엘 라함
참조 성구: 출애굽기 34:6
스트롱 번호: 7355

자존자, "나는 있느니라"(p. 24)
히브리어: 야흐
참조 성구: 출애굽기 15:2
스트롱 번호: 3050

전능하신 창조주(p. 16)
히브리어: 엘로힘
참조 성구: 창세기 1:1
스트롱 번호: 430

전능하신 하나님(p. 144)
히브리어: 엘 깁보르
참조 성구: 이사야 9:6
스트롱 번호: 1368

전쟁에 능하신 여호와(p. 238)
히브리어: 여호와 깁보르 밀하마
참조 성구: 시편 24:8
스트롱 번호: 1368, 4421

주(p. 29)
히브리어: 아도나이
참조 성구: 시편 148:13
스트롱 번호: 136

주는 선하시다(p. 168)
히브리어: 아도나이 토브
참조 성구: 시편 25:8
스트롱 번호: 2896

지극히 높으신 하나님(p. 184)
히브리어: 엘 엘욘
참조 성구: 창세기 14:20
스트롱 번호: 5945

지식의 하나님(p. 92)
히브리어: 엘 데아
참조 성구: 사무엘상 2:3
스트롱 번호: 1844

질투하시는 하나님(p. 114)
히브리어: 엘 칸나
참조 성구: 출애굽기 20:5
스트롱 번호: 7067

참 하나님(p. 32)
헬라어: 알레디노스 데오스
참조 성구: 요한일서 5:20
스트롱 번호: 228

창조자(p. 138)
히브리어: 바라
참조 성구: 이사야 40:28
스트롱 번호: 1254

처음과 마지막(p. 136)
헬라어: 알파와 오메가
참조 성구: 요한계시록 21:6
스트롱 번호: 1, 5598

초월자(p. 182)
히브리어: 가바
참조 성구: 이사야 55:8-9
스트롱 번호: 1361

충족하신 이, 전능하신 하나님(p. 202)
히브리어: 엘 샤다이
참조 성구: 창세기 17:1
스트롱 번호: 7706

치료하시는 여호와(p. 122)
히브리어: 여호와 라파
참조 성구: 출애굽기 15:26
스트롱 번호: 7495

크신 하나님(p. 176)
히브리어: 엘 하가돌
참조 성구: 신명기 10:17
스트롱 번호: 1419

토기장이(p. 102)
히브리어: 요쩨레누
참조 성구: 이사야 64:8
스트롱 번호: 3335

평강의 왕(p. 78)
히브리어: 사르 샬롬
참조 성구: 이사야 9:6
스트롱 번호: 8269, 7965

하나님(p. 20)
히브리어: 엘
참조 성구: 민수기 23:22
스트롱 번호: 410

하나님은 가까이 계신다(p. 224)
히브리어: 엘로힘 카로브
참조 성구: 신명기 4:7
스트롱 번호: 7138

하나님이 우리와 함께 계시다(p. 86)
히브리어: 임마누엘
참조 성구: 이사야 7:14
스트롱 번호: 6005

하늘의 하나님(p. 188)
히브리어: 엘 샤마임
참조 성구: 시편 136:26
스트롱 번호: 8064

사명선언문

너희가 흠이 없고 순전하여……세상에서 그들 가운데 빛들로
나타내며 생명의 말씀을 밝혀 _ 빌 2:15-16

1. 생명을 담겠습니다
만드는 책에 주님 주신 생명을 담겠습니다.
그 책으로 복음을 선포하겠습니다.

2. 말씀을 밝히겠습니다
생명의 근본은 말씀입니다.
말씀을 밝혀 성도와 교회의 성장을 돕겠습니다.

3. 빛이 되겠습니다
시대와 영혼의 어두움을 밝혀 주님 앞으로 이끄는
빛이 되는 책을 만들겠습니다.

4. 순전히 행하겠습니다
책을 만들고 전하는 일과 경영하는 일에 부끄러움이 없는
정직함으로 행하겠습니다.

5. 끝까지 전파하겠습니다
모든 사람에게, 땅 끝까지, 주님 오시는 그날까지
복음을 전하는 사명을 다하겠습니다.

서점 안내

광화문점　서울시 종로구 새문안로 69 구세군회관 1층
　　　　　02)737-2288 / 02)737-4623(F)

강남점　　서울시 서초구 신반포로 177 반포쇼핑타운 3동 2층
　　　　　02)595-1211 / 02)595-3549(F)

구로점　　서울시 동작구 시흥대로 602, 3층 302호
　　　　　02)858-8744 / 02)838-0653(F)

노원점　　서울시 노원구 동일로 1366 삼봉빌딩 지하 1층
　　　　　02)938-7979 / 02)3391-6169(F)

일산점　　경기도 고양시 일산서구 중앙로 1391 레이크타운 지하 1층
　　　　　031)916-8787 / 031)916-8788(F)

의정부점　경기도 의정부시 청사로47번길 12 성산타워 3층
　　　　　031)845-0600 / 031)852-6930(F)

인터넷서점　www.lifebook.co.kr